领导力

一　龙　编著

吉林文史出版社

图书在版编目（CIP）数据

领导力 / 一龙编著. -- 长春 : 吉林文史出版社,
2020.1（2024.8重印）

ISBN 978-7-5472-6661-8

Ⅰ. ①领… Ⅱ. ①一… Ⅲ. ①领导学 Ⅳ. ①C933

中国版本图书馆CIP数据核字(2019)第238543号

领导力

LINGDAOLI

编　　著　一　龙

责任编辑　张雅婷

封面设计　末末美书

出版发行　吉林文史出版社有限责任公司

地　　址　长春市福祉大路5788号

电　　话　0431-81629353

网　　址　www.jlws.com.cn

印　　刷　北京永顺兴望印刷厂

开　　本　880mm × 1230mm　1/32

印　　张　4

字　　数　80千

版　　次　2020年1月第1版　2024年8月第2次印刷

定　　价　19.80元

书　　号　ISBN 978-7-5472-6661-8

前　言

\PREFACE\

在当代，领导力是一种热销商品，只要随手翻一本经济方面的书本或杂志，就能发现讨论这个话题的文章简直浩如烟海。于是，领导力培养成了一个大市场。北美的许多组织每年都会不约而同地斥资数百万美元打造领导力培养项目，MBA学位培训班也正如火如荼。领导力培养这个新兴的行业也如雨后春笋般崛起。目前，从事该行业的，除了数以千计的注册领导力培养师外，还有为数更多的没有经过正式培训机构认证的人员。

从根本上说，一个优秀的领导必须具备强大的人际影响力。其实在一个组织中，每一个人都会去影响他人，也要接受他人的影响，从这个意义上说每个组织成员都具有潜在的和现实的领导力，只是强弱不同而已，作为身在其位的领导者，当然是其中影响力最强者。在组织中，领导者和成员共同推动着团队向着既定的目标前进，从而构成一个有机的系统。在系统内部具有以下几个要素：领导者的个性特征和领导艺术、员工的主观能动性、领导者与员工之间的积极互动、组织目标的制订以及实现的过程。系统是否正常运转，取决于各要素能否协调地发展。而协调发展的关键就在于领导者和其他成员之间的互动。使领导行为双方互动形成统一的认识、情感和行为活动，是领导者成功领导的必要条件。

我们身处一个变化的时代。变化产生机会，也带来风险与压力。在速度变快、关系更加错综复杂的今天，无论是组织，或是我们自己都比以往更需要优秀的领导者。如何突破和提升领导力，如何由一个领导自己的人成为一个领导他人的人，再成为一个卓越的领导者，是当前面临的迫切需要解决的问题。

管理和领导是一门艺术，成功的领导者不是先天生就的，而是通过后天的学习和实践锻炼出来的。本书从现代领导工作的实际出发，精选关于沟通、激励、指导、授权、团队合作、冲突管理、自我管理等领导必须了解和掌握的核心技能，全面系统地阐述了一个卓越的领导者必须具备的基本素质，帮助企事业单位的各级领导在各方面协调发展，以从整体上极大地提升自身的领导力。

目 录

\CONTENTS\

第 1 章

领导规则

想成为杰出的领导者，你必须了解领导规则，并理解“领导力就是百分之百的投入”这句话。人们常常对杰出的领导者望而生畏，并想知道“他们有什么我所没有的东西”。这些人没有意识到的是，虽然性格和运气对领导者的成功有一定的影响，然而这些并不是造就杰出领导者的根本原因。在判断自己适不适合做领导者之前，最好先看看关于成为杰出领导的主要理念。能够灵活运用这些理念的人就能成长为杰出的领导者，还能成为他人的楷模。

下面的所有理念很多将在后面的章节中详细探讨。然而，在深入理解每个理念之前，最好对将要涉及的内容有一个总体的概念。记住，只有当各个理念得到协调运用的时候，才能造就最成功的领导力。理念之间的取长补短是完成任何工作的关键。

沟通

高超的沟通能力对团队协作和人际关系处理来说是不可或缺的。因此可以说，出色的沟通能力是成为高绩效领导者的基础。

持续的对话能够使双方得到很好的沟通，从而让对话双方达成共识。如果领导者能够进行积极有效的沟通，就可以达到对话的最高境界。这样，工作就可以顺利完成。

此外，沟通是一个双向的过程。一方发送信息的时候，另一方必须按照发送方的意图接收信息。故作为领导者，你还应该发挥积极的倾听技巧，让你的同事始终觉得可以与你共享自己的想法和提议，也能让你分担他们的问题。你应该聆听他们的倾诉，理解他们所传达的信息。

很多公司的衰败就是缺乏沟通的结果。传达信息的时候，你必须与各个层次的员工、关键人员和顾客进行沟通。你还应该促进同事之间的积极互动。领导者的沟通策略应该给员工提供长久的支持和鼓励，除此以外，沟通策略还应该强化公司的使命。

如果你希望大家追随你，就必须让他们知道你是谁，你代表谁，你能够做什么。此外，他们还必须理解你的想法。传达这种信息并不困难，告诉他们就行了。向他们说清楚你认为什么是最重要的，向他们解释你的梦想和未来的目标。只要你愿意沟通，别人也将愿意和你沟通。

激励

将期望的目标传达清楚之后，下一步就是激励人们完成工作。这个任务并不轻松。激励自己已经很困难，更不用说激励别人执行工作了。大多数领导者并没有按照充分发挥员工潜能的方式进行管理。为了激励员工，你必须综合运用传统和创新的激励方法，并想方设法激发在员工体内蕴藏数年之久的创造力。那么，你应该从哪里开始呢？

其实，激励他人恰恰是从激励自己开始的。首先，你必须改变自己的行为，给他人提供创造性和建设性的反馈，同时考验和奖励他们。沟通将成为激励的催化剂。能够清楚阐释自己的期望的领导者在激励员工的时候会比光颁布命令、不进行丝毫解释的领导者轻松很多。

记住，没有哪位杰出的领导者是孤身奋战的，基于忠诚的追随早已一去不复返了。为了获得团队成员的支持和保持高昂的激情，你必须为他们提供有价值的工作，让他们感到满意。如果你没有提供这种环境，你也就得不到富有成效且令人满意的结果。积极的支持、令人兴奋的挑战以及一定程度的指导将保证你不离开正确的轨道。

指导

所有领导者在不同程度上都充当着指导者的角色。在本书中，指导是一个涉及提问、倾听和支持的促进过程。在整个过程中，领导者（也就是指导者）应该帮助员工凭借自己的力量解决问题，激发更富创造力的思维模式。这样，指导将成为一种沟通工具，使所有相关人员工作得更轻松。如果实施得当，指导还可以在雇员和雇主之间建立更稳固的人际关系，使冲突降到最低。

在指导能力的范围之内，你可以将自己假想成各种各样的团队领导。不同层次的办公室职员都看着你，向你寻求答案、计划、想法和积极的结果。你的愿景将组成团队和公司的总体目标，与此同时，你必须承担起支持和监督这些目标的责任。

你要学会接受这种管理方式，通过指导来建立彼此尊重、积极参与、各方获益的沟通模式。

指导可以建立信任、提高士气，还能帮助员工成长和发展专业技能。总而言之，指导有助于提高产品质量、工作效率和生产力。

授权员工

授权传达了这样的理念：员工为企业的成功做出了重要贡献。这可以使员工从错误中总结经验，帮助他们提高工作效率，改善工作技能。员工得到的授权越多，他们的效率就越高。遗憾的是，不是所有的领导者都能轻松接受将权力授予员工的思想。最优秀的领导者就是能够充分利用他人的才能的人。

领导者必须密切观察每个员工的长处和短处，这样才能决定谁可以做什么。领导者应该鼓励、说服、帮助员工分享技能和才能。能够控制或影响他人的员工也应该分享权力。在分享权力与责任之后，信任就建立起来了，信心和效率也将随之提升。了解授权和操纵的不同才是关键。目标清晰的公司和团队比完全不知道应该做什么的公司和团队拥有更多的成功的机会。

团队合作

在如今快节奏且变幻莫测的经济社会中，公司开始强调通过小规模的工作团队来获取高效率的工作成果。因此，越来越多的公司转向了团队经营模式。这些团队中的成员贡献各自的技能和才干。领导者必须清楚每个人的优势和劣势，然后利用这些优势来达成团队的整体目标。

成功的团队拥有共同的目标，致力于某个项目的完成；他们有充裕的时间来进行创作，代表公司所有的职能领域，他们清楚谁最适合完成工作的哪个部分，而且还能得到管理层的支持；最重要的是拥有一位杰出的领导者，那就是你！

监督团队的工作并不轻松。然而，这是领导者应该承担的责任。将自己设想成团队的首领——你是团队成员获取指导和信息的源泉；你的愿景将构成团队的整体目标；你的责任是在激发整个团队积极参与和贡献力量的同时，维护和促进目标的实现。

时间管理和条理化

很多领导者因为大量亟待完成的工作而苦不堪言，因此，时间管理已经成为一个重要的问题。领导者必须分清工作的轻重缓急，才能在最短的时间内完成最多的工作。

你的工作环境会给你增添压力，而这些压力可能会导致非常严重的副作用，比如头痛、溃疡、离异、降职等。解决这些问题的最好方法就是防患于未然。尽量不要让事情堆积起来，并创建适合自己的工作体系，坚持遵守和执行这个体系。高绩效的领导者知道如何判断工作的轻重缓急，如何创建工作计划，如何严格执行计划。这种类型的领导者对工作和生活始终保持着积极态度。

条理化是执行时间管理计划的另一个方面。经验告诉我们，应该有一个可以容纳所有物品的处所，各种物品也必须各归其位。在你决定将东西放在哪里，并且放好之后，寻找东西的时间就会大大减少。

建立起时间管理和条理化的体系之后，真正的困难才刚刚开始，那就是维护你的整理成果。本书将提供合理利用时间和提高工作表灵活性的建议。事实上，领导者不应该有堆积如山的工作要做。领导者应该集中精力，不断寻找能够促进公司发展的项目和方法。

换言之，做你必须做的，除此以外的事情可以忽略，你要集中精力思考公司将来的发展。

解决冲突与问题

任何工作场所都会存在一定的冲突，领导者应该尽早觉察到冲突的存在，并判断冲突的类别和深层次的原因。领导者应该让冲突的当事人积极参加到寻找解决方法的过程中。

冲突会出现在组织的各个层次，如果得到有效的处理，冲突的结果可以为个人和组织带来诸多益处：（1）建立更稳固、更有活力的工作关系；（2）产生创造性的成果；（3）产生解决问题的新方法。

采用解决问题的方法应对冲突是大多数领导者和管理者的最佳选择。这种方式要求每位当事人积极参与，故冲突往往能够得到有效的解决。运用这种方法的时候，领导者必须开诚布公地面对冲突。对某些新上任的领导者而言，对冲突的恐惧心理不利于解决问题。高绩效的领导者应该想方设法克服这种恐惧心理，运用各种手段来寻找解决方法。

随着经验的积累，对冲突的防范将变得容易。这种优秀的领导特质不是在一夜之间就可以练就的。只有时间和经验才能磨炼出优秀的领导者。有些人的专职工作就是解决冲突和充当调停者的角色。这个过程需要不断的训练和实践，只有这样，才能达到完美的境界。因此，在你磨炼技能的过程中，千万不要泄气。

接受变化

这是领导者的另一个关键技能。变化每时每刻都在发生，比如经济的转变期、被聘用和被解雇的时候、机构重组和评估时期等。

如今的工作者渴望清楚地了解导致变化的原因。团队的领导者必须理解变化的必要性，并将其中的原因向团队成员解释清楚。

在现实生活中，变化能引起不安全感、恐慌，甚至人与人之间的相互敌意。领导者的职责是帮助团队成员度过整个变化期，尽可能地安抚他们。领导者将面对从抵制到冷漠的各种反应。每种反应都必须得到妥善的处理，这样，痛苦的程度才能降到最低。谁说领导都是快乐的？

雇用合适的人

作为领导者，你一定会遇到招聘新员工的任务。无论你是第一次涉足招聘，还是有着丰富经验的招聘老手，这里的建议都能够帮助你寻找最佳人选。当然，任何事情都是说起来容易，做起来难，招聘也不例外。招聘过程需要周详缜密的策略、计划和充裕的时间。员工是组织的人力资产，有着比物质资产更重要的价值。没有人力资产的适当组合，物质层面的成功将无迹可循。

招聘的目的是雇用最优秀、最有资格、最有活力的人来填补空缺。领导者必须分析自己的需求，建立行动计划，然后开始实施方案。每实施一个步骤，招聘过程就变得可控甚至会很有趣。认识到招聘过程重要性的领导者可以找到最佳的雇员并建立最稳固的工作环境。

评价员工

支持体系准备就绪之后，就是领导者评价员工和他们的工作的时候了。很多领导者和管理者一想到员工评估就不寒而栗，这导致他们没有关注员工已经完成的工作。

最终，他们不仅伤害了自己和员工，也伤害了整个组织。不要让评定环节成为你失败的根源。

也许你已经听过这种说法，现在就请你再听一遍：如果你在开始的时候就建立了适合自己的策略，实施过程中的压力和消耗的时间就会比较少。评估不应是一年才进行一次的工作，而应是个持续的工作。作为领导者，你应该在必要的时候做出积极和消极两方面的评价。你还应该认识到，必须以不同的方式来处理每个人的问题。有些人需要持续的监督；有些人却热情过度，需要遏制。每天关注团队和组织的整体变化，评估将变得像在公园里散步那样轻松。

处理问题员工

世界上任何一个公司都有至少一两个有问题的员工。问题涉及的方面非常广泛，从缺乏能力、邋遢散漫，到不服从管理等。对这些情况做好准备将使你成为更有效的领导者。

只要有决心和耐心，任何人的表现都可以转变。出现问题的时候，领导者应该充当鼓励者和支持者的角色，而不是充当怀有报复心的责难者。

雇员与雇主之间的分歧将对整个公司产生影响。消极影响会像野火一样迅速蔓延。作为领导者，解决这些问题是你的职责。你可以运用本书介绍的方法和建议先发制人。试着掌握先机，你将找到最好的解决方案。

表彰员工与留住员工

与员工相处的另一个重要方面是确保他们开心，他们才愿意持续地为你和公司服务。这往往是管理中容易被忽视的部分，而且常常对组织造成不可挽回的损失。

优秀的管理者和领导者应该关注员工流失以及随之发生的

信息和技术流失。长期积累的技能和知识性员工是公司的重要资产，不应该被忽视。

员工离职是常见的问题。经济高涨的时候，挽留优秀的员工将越来越困难。面对员工寻求新职位的浪潮，雇主已经无计可施。作为领导者，你应该确保员工的满意度处于最高水平。这可以通过多种方式达成。首先，必须确保每个员工目前从事的工作具有挑战性。其次，必须确保每个员工对公司的贡献得到认可。金钱奖励虽然重要，但你也可以发挥自己的创造力，以表达你对他出色工作的感谢。

领导力是你的自我表现

从很多方面来说，领导者是非常特殊的群体。他们之所以成为领导者，就是因为自信和竭尽所能地实施变化。性格在决定谁可以成为领导者、谁被淘汰出局的过程中扮演着重要的角色。

他们非常自信，有出色的沟通技能，拥有忠诚的追随者和支持者；他们善于发挥自己的优势，相信自己和所从事的工作，了解事业的规则；他们善于从错误中总结经验，可以用领导力来影响他人。

你也可以具有这些特点。在对现状不满并需要变化的情况下，往往会诞生真正的领导者。你必须经常走出去看看，否则，你永远也无法实现领导梦。人们总是被具有理性、坚定、创新、勇敢的人所吸引。你在别人眼中是否具备这些品质完全取决于你自己的努力。

自律是成功的重要方面

自律与激励相辅相成。无论是在家里独立工作，还是在公司管理某个团队，自律都是必需的。否则，任何事情都无法完成。优秀的领导者能够运用激励方法使员工处于高效的工作状态。

领导者的时间往往是不被自己控制的，经常受到他人的影响。因此，你必须学会合理利用有限的时间。

从错误中学习

任何人都犯过或多或少的错误。错误是人无法避免的。

优秀的领导者能够从错误中汲取教训，指导自己继续前进。每个错误都有自身的价值，找到这些价值就是领导者应该做的事情。没有人可以完全避免错误，因此，不要浪费时间为自己犯过的错误痛苦悔恨。你应该集中精力避免相同错误的再次发生。领导力是继续前行的能力，而不是纠缠过往的“毅力”。

没有头衔的领导者

依靠高高在上的头衔成为领导者的时代已经过去了。无论你在公司处于什么职位，总能找到承担领导责任的方法。任何人都有这种潜质，只是没有被激发出来而已。

其关键在于找准时机、主动出击，时刻关注成为领导者的各种机会。在团队中，你可以担任领导者，使团队秩序井然，分配任务并保证每个成员都各司其职。

做指导者是承担领导责任的另一途径。吸引别人加入你的团队、教会他们各种职业技能、指导他们的内部工作，都是指导者工作的重要内容。只要你有帮助他人的知识和经验，就可以成为高素质的指导者。

第 2 章

沟通的艺术

沟通艺术是领导必修的一项技能。在你了解规则之后，你就能开始强化自己的领导技能了。沟通是获取良好开端的关键。没有沟通，就无法实现稳健的领导。这就是沟通被列为第二个核心理念的原因。

让对方理解要点

一个成功的管理者应该具备两个方面的沟通技巧，我们把它们称作沟通中的“科学”和“艺术”。

第一个方面是有效沟通中的“科学”，它由一些基础性技巧组成，诸如有效的写作、表达，以有序表现自我风格为指导方针，坚持明确的主旨（即不断强调所传递信息的核心观点）并简洁地表达协调的信息等。这些基础性技巧即“科学”，有助于人们形成对管理者个人正直品质和诚信的印象。

另一个方面是有效沟通中的“艺术”，它包含一些高深的、有时是来自本能的技巧，如观察倾听者的反应、解读对方的情绪从而了解事实真相、因人而异地采取说服策略、应用对整个集体有利的方法来解决团队的问题并找出问题的根本原因等。这些技巧即“艺术”，决定了组织成员对管理者的信服程度。

我们相信，合格的管理者在有效沟通的“科学”方面做得很出色。经验证明，一流的管理者在“科学”和“艺术”两个方面都很出色。他们可以一边进行有效的沟通，一边在脑子里为接下来要传达给听众的内容进行策划。这样的管理者能同时考虑不同的观点，并且看起来他们天生具备这样的能力：能在适当的时机对适当的人采取适当的行动（并且具备人们所认同的那些适当的理由）。一流的管理者不仅做正确的事情，而且还能用正确的方法做好这些事。

当一方接收并理解另一方传达的信息时，沟通就是有效的。沟通循环包括3个时间点。首先，发送者以清晰易懂的方式发出口头信息。接着，接收者接收信息，并确认自己能够理解。最后，发送者必须确认接收者对信息的接收和理解与自己原先的意图保持一致。

对沟通信息的误解是当今商业界面临的最严重的问题之一。需要传送的商业信息不计其数，然而，不是所有的信息都能被接收，也不是所有被接收的信息都能被正确理解。

没有完整的沟通循环，就不会有对话的存在，一切都将成为独白的片段。对话使我们彼此交流，并达成共识。没有对信息进一步的解释和确认，信息的发送者就是一个独白者而已。当领导者以积极礼貌的态度与下属进行沟通的时候，就能达到对话的最高境界。

所有层次的沟通

与员工的沟通

这被认为是沟通过程中最难的一个环节。管理者常见的想法是：他们被我们雇用，就应该做我们希望他们做的事情。

有时候，管理者完全不知道员工的需求，或者认为他们的需求与公司利益没有直接关系。无论如何，作为领导者，你必须以积极的态度主动与员工沟通。事实上，他们才最清楚实际情况。聆听员工的倾诉，你将得到比想象中多得多的信息（也许比你试图知道的更多）。当你仔细聆听和表示理解的时候，员工会觉得自己被看成公司某种形式的合伙人。

倾听以及和员工沟通的行为将点燃激励的火花，使你的团队踏上创造性和战略性思维的征程。

与关键人员的沟通

组织中的其他领导者向员工传达的信息应该和你传达的信息保持一致，这一点非常重要。你在团队中负责沟通并解释政策。在你清晰表达自己的观点和主张，其他关键人员理解并支持你的想法之后，你就踏上了通往成功的坦途。

如果团队成员使用同一种方式进行沟通，整个公司就能够齐心协力，朝着共同目标奋进。所有关键人员向员工和顾客传达的信息必须保持一致，这是成功的关键。

关键人员之间的对话必须充分考虑到所有成员的观点。每个人都应该感受到自己对决议的贡献，并愿意支持这个决议——即使与某个成员的需求有些许出入。

与顾客的沟通

无论公司提供的是产品还是服务，你都要与顾客打交道。这是沟通的终极挑战。作为领导者，为他人树立学习的榜样是你的职责所在。与顾客的沟通只是与员工沟通的延伸，沟通技能都是一样的。与顾客保持沟通的公司将成为最后的赢家。其实顾客的需求非常简单——他们希望在需要的时候得到需要的东西。

将倾听顾客的需求作为沟通循环中一个重要部分的公司必将成功。如果公司根据自己假设的顾客需求实施经营，就是与成功背道而驰了。成功的公司能够清楚地了解顾客的需求和期望，并以最好的方式使顾客满意。

会议——难以忍受而又不可或缺的环节

每周的全体会议你是不是总碰到这样的老大难问题：除了你之外，没有任何人说话？这是领导者和管理者经常遇到的难题。让我们来看看如何解决这些难题吧。

会议可以非常精彩，让人兴奋不已；也可以枯燥乏味，让人发困。没有主题的会议就像离开水的鱼——活不了多久。

会议可以是几个小时的拖沓，也可以在走廊中一气呵成，甚至在出席者只能站着的情况下速战速决（这时人们不容易睡着）。最有效的会议往往非常简短、直接，而且计划周详。

在你计划会议内容的时候，不妨试试下面的简单指导：

· 在开始的时候（甚至可以在团队集中之前），解释清楚此次会议的目的。

· 收集所有必要的数据和资料。

· 制定清晰的书面议程，供你稍后参照。

· 开会之前，给每位出席者发一份议程的复印稿。

· 给每个人修改议程的机会。

· 再次检查所有必要的人员是否已经被邀请出席本次会议。

· 确认每个人都能准时出席会议。

· 明确设定开始和结束的时间，规定好开会的地点。

· 提醒每位出席者可以畅所欲言，但要尊重其他与会者。

不论会议的规模大小，也不论会议的时间长短，如果你希望获得高效的沟通，这些基本原则都是适用的。

改善沟通的更多方法

在你的团队或组织中进行沟通的方式有很多。重要的是你必须采用适合自己性格和风格的方法。不要迷信那些在IBM非常有效的方法，你应该找到能够满足自身需求的方法。

以下这些方法或许适合你的领导风格，能帮助你消除沟通障碍。

巡视

这种沟通方式最适合积极处理日常事务的领导者。如果管理者可以每天抽出一段时间，巡视员工所在的楼层和办公室，就能获得最佳效果。当然，这种方法必须与你的风格相融合，否则将不会有任何成效。

其实，你可以走遍整个组织，寻找发表肯定意见和接收反馈的机会。这种方法让你看到正在发生的事情，也让你听到员工的直接倾诉。这在管理层次较多的组织尤其有效。通过巡视，所有员工都可以直接与你（领导者）沟通，当员工和上司交换想法的时候，员工的自发性和凝聚力都可以得到提升。

头脑风暴法

面临挑战性的问题或机遇的时候，头脑风暴法是不错的解决方法。头脑风暴法的目的是获得尽可能多的疯狂想法，然后总结出切实可行的解决方案。采用头脑风暴法的时候，鼓励参与者提出尽可能多的想法，对于这些想法，不进行任何的指责、分析和讨论。一旦团队适应这种情况，没有人嘲笑别人提出的想法之后，更多的想法就会涌现出来。在定期开展头脑风暴法之后，你将发现不计其数的新想法蜂拥而至。或许某个想法就是最终的解决方案，其他的想法也将激发你的灵感。

意见箱

几乎所有的公司都在某段时期采取过意见箱政策。然而，这种方法却千篇一律地以失败而告终。原因很简单：得不到员工的信任。想要让人们相信一个死气沉沉的箱子确实不容易。

很多情况下，意见箱的出现是因为管理层在指示员工完成工作的时候出现了问题。公司领导决定使用匿名手段来收集意见，而没有选择和员工面对面的交流。这些“意见”好像掉进了黑洞，人们在提出之后就再也看不到和听不到任何消息了。当然，管理者和监督者也许会看到这些意见，可是不会和提议者进行沟通，所谓的意见也因为种种理由而未被采纳。

如果你决定在办公室设置意见箱，必须对这些意见进行广泛而深入的讨论。就算讨论的结果只有一个想法是成功的，参与讨论的员工也会知道自己的付出得到了重视和尊重，也知道自己有机会参与了创造性和启发性的互动交流。

沟通中应该做和不该做的事情

应该做的事情：

- 和员工讨论对他们有直接影响的任何事情。
- 认真倾听，澄清观点。
- 尽可能采用非语言的沟通形式，比如电子邮件和备忘录。

· 与组织中不同层次的人员进行交流，确保大家团结一致。
· 表现出自己的热情，从正面谈论别人。
· 定期举行简短而主题鲜明的会议。

不应该做的事情：
· 自己觉得应该开会就开会。
· 相信并传播闲话和谣言。
· 提供负面的反馈。
· 沟通的时候打断对方。
· 发送混乱的信息。

第 3 章

激　励

清楚传达期望达成的目标之后，下一步就是激励员工完成工作。预期目标的达成是激励的直接结果。众所周知，我们有些时候懒懒散散，不想工作，有些时候热情饱满，渴望工作。无论是独立工作，还是作为团队的一部分，每个人都必须激励自己出色地完成工作。团队领导也必须控制工作的实施进度。沟通是激励员工的核心和灵魂。只要经理提供清晰的期望、指示、信息和期限，员工就会有安全和被尊重的感觉。这些因素反过来将创造出高效而愉悦的工作环境。

成功激励的处方

积极激励

某人达成预期目标而给予的奖励属于积极激励，这能保持较长时间的激励作用。只有和可见的成功相联系，友善的交谈和认可才会有效。

提供挑战

具有挑战性的工作和崭新的环境可以促进员工成长和创造力的提升。对大多数员工而言，只要给他们从事新工作的机会，他们就能从新的挑战中得到激励和快乐，并能够从中获益。他们会觉得自己被接受和认可，觉得实现了自我，并有一种权力感。突然之间，你将发现办公室里充满了笑声和头脑风暴。新的想法和建议开始涌现，下午5点过后，办公室依然充满激情和活力。也许你不能奢望奇迹的出现，却可以期盼显著的改进。

为创造性解决问题加油

当某个员工在工作场所中感到缺乏自由、选择权和控制力的时候，他会觉得自己是一个受害者，并因此而怨天尤人。这当然不是管理者想要看到的。创造性地解决问题可以激励员工对问题及其解决方案负责。管理者应该引导员工考虑某个方案，并允许他们独立思考具体的解决办法。

停止推卸责任

推卸责任是领导者最苦恼的问题之一。当某个员工不愿意为自己的错误承担责任反而指责别人的时候，就会出现这种情况。你可以和员工进行开诚布公的沟通，为他们设计切实可行的目标，鼓励员工为自己的行为负责，以此彻底根除推卸责任的毛病。在这种环境下，员工会有安全感，并且知道自己的工作是有意义的。同样在这种情况下，冒险精神将受到推崇，目标设定不断推进，领导者和员工都能参与决策和解决问题的全过程。除此以外，管理者为培养员工，可以为他们提供反馈、资源和成长机会，让他们获得鼓励、认可、奖励以及能够发挥领导潜质的任务。这样，员工就会对自己的行为负责并从中获益。

加以指导

指导包括很多不同的领域。总体来说，本书涉及的指导是指和员工一起处理问题或改进策略，为员工提供支持、资源、建议和鼓励。做指导的管理者要让员工体会到权力和目标的重要性。在这个过程中，管理者可以帮助员工找出自己的优势和切实可行的战略。记住，清楚的解释也能产生有效的结果。

现在，你正在进入舒适地带

舒适地带是一个安全的地方，所有事情都非常熟悉，没有任何危险。追寻更高的目标意味着离开舒适地带，而离开就意味着冒险。对变化的恐惧感将击溃领导者和追随者的斗志。通过指导，管理者可以鼓励员工设定目标，使自己走出舒适地带。如果危险是可以克服的，目标是可以达到的，那么，每个人都将有更好的感觉，获得更多的成果。

持续的培训

当员工发现自己缺乏完成工作所必需的技能时，往往会感到非常沮丧。管理者应该为员工提供持续的培训和成长的机会，让他们感到上司对自己的认可和授权。这些将带来绩效的提高。亲临工作现场的领导者应该认识到，大多数员工是愿意工作的，只要有清晰的指导、适当的培训和充分的资源，他们就可以获得成功。

别忘了保持自己的激情

当你感到不堪重负、备受指责、不被人欣赏的时候，你要为自己增添热情。说到就要做到。如果你需要有激情的员工，就应该成为激情的楷模。此外，如果你认识到什么能够激励自己，你将更清楚什么能够激励别人。

第4章

领导的指导技能

或许从反面意义解释“指导”反而容易些。指导不是站在一边，朝着某人大叫，让他迅速完成工作；指导不是每天给同事一份详细的工作列表；指导也不是在解释了1个小时，爱丽丝仍然不明白如何使用数据库的情况下轻易认输。指导是领导必修的第4项技能，你必须深刻理解这个过程，这点非常重要。沿用激励的思路，指导将有利于鼓励和支持你的团队，使参与各方得到最好的结果。

我在什么时候使用指导技能

管理沟通过程中的所有步骤都可以运用指导。指导从员工和管理者的全面彻底的投入开始，以更有效的解决方案、更快捷的结果、更多的“收买”、更高的品质、更积极的团队精神以及更高昂的士气结束。在推崇员工安全感和信任感的今天，这些显得尤为重要。

久而久之，指导会使每个人融入团队之中，并对项目或任务的完成做出贡献。指导会使错误和低效率的方法在早期就被发现，并得到及时的改进，这样会产生高质量的成果，团队成员会得到充分的自信和自尊。

最后，指导将建立一种开放性的工作环境，在此环境下能够有效检验和评估已经完成的项目。指导还能营造学习氛围，使员工顺利完成下一个项目。

指导对个人的益处

通过指导，员工感受到了自己的价值。经过成功指导的员工能够独立解决大多数的问题。作为领导者，如果你没有提供充分的信息、工具和支持，员工就很难获得成功。

指导对组织的益处

实行指导的公司可以获得这些益处：

· 更自信、更有激情的劳动力资源。

· 高品质的产品。

· 能够承担更多责任的员工。

· 效率和生产率的总体提升。

指导的程序

为了准备指导课程，可以设定某些参数，尤其是课程的内容和时间表。将课程的时间、地点和目标告诉员工。

课程的时间要控制在30分钟到45分钟之间。员工会因为过多的指导和信息而不堪重负，他们需要的是充足的提问和反馈的时间。指导者要设法缓解员工可能感到的压力和焦虑。增添一些幽默的成分也是不错的选择！现在，你可以开始了。

· 为课程安排特定的时间段。这样，你将轻松地讲述所有必要的内容，并在课程中获得成功。

· 设定课程目标，使双方达成共识。理想的情况下，指导者应该亲临工作现场，观察员工完成某项任务的过程，及时给予指导。然而，这种方法很难实现。

· 从询问员工开始，深入了解他们对某项工作和任务的真实感受。比如：“你觉得安德森项目怎么样？”“你认为我们的生产过程存在哪些问题？”指导之所以有效，是因为员工是有思想、有感情的人，他们不仅仅是商业资产。

· 从课程开始到课程结束，保持积极的聆听。清除脑海中的其他工作安排，关注所有语言或非语言的信号和解释，及时澄清和确认。运用这种技能是成功的关键。你必须遏制本能的评判倾向，仔细聆听对方的说话内容，体会他们的内心感受。

· 提供支持，表示理解。即使对方的建议对问题的处理没有实际作用，你也应该表示理解对方所说的内容。表示理解不等于同意，理解是进一步讨论的标志。

· 不断将讨论朝自我发现的方向引导。你的提问应该引导员工考虑如何独立解决问题。指导是一个互动的过程，甚至指导者也能从中学到东西。

· 重复这个过程，直到员工获得预期的结果。有时候员工就是达不到要求，遇到这种情况的时候不要泄气。将指导解释得更清楚些，然后继续前进。你需要的是确定而明白的领导，而不是猜测性的游戏。

· 在必要的时候表示认可。认可员工学习的收获、创造性的想法以及持续不断的进步。

· 就下一个步骤达成共识，为下一次的指导课程奠定坚实的基础。你需要进一步加强共识。如果你已经设定了在预期内要达到的目标，就应该定期会面，讨论目标的完成度。记住，指导是一个持续的过程，你和员工都有责任共同努力，直至获得有效的成果。

第5章

学会授权

假设你已经在指导阶段获得成功，就应该进行授权了，这是成功领导必修的第5项技能。

如果你的指导非常有效，员工就应该做好掌握权力的准备。授权给员工将帮助你成为备受尊敬的成功领导者。

与之前提到的词语一样，“授权”已经成为管理者的最爱。虽然没有“缩减规模”和“重组”那样危险，但这个词语可能让人联想到电影《诺玛·蕾》中萨利·费尔德集结军队的情景。

不要担心，不会发展到这种程度！授权的核心是传递这样的理念：员工为组织的成功做出了重要的贡献。因此，领导者应该让员工参与组织各个层次的运作过程。

权力与金钱有相同的属性。我们知道把钱藏起来，不让它流通，则钱是没有使用价值的，钱的价值在交换过程中产生。

同样，拥有权力而不让权力周转，权力的力量也得不到发散。有效授权就是将权力进行扩散和周转，让权力成为动力。

授权促使员工从自己的错误中汲取教训，从而更有效、更出色地工作。任何状况都可以成为学习经历。精心设计的授权策略将帮助员工获得成功，避免失败。这将使每个人都感到开心！

授权适用于所有的员工，但是，你必须引导员工，使他们愿意承担新的责任。缺乏自信可能会导致抵制频繁出现。遇到这种情况，你的工作就是帮助这部分员工提高自信心。

这是一个比较长的过程，耐心和坚持非常重要。

员工得到的授权越多，他们的效率就越高。遗憾的是，领导者并不总是主动想到授权给员工，只有通过自律和不断的实践，才能达到这种境界。

你必须信任员工的能力，学会授权，为组织以及和团队合作注入热情。

运用他人的潜能

作为成功的领导者，你必须充分利用每个下属的潜能。如今的工作环境中，已经有越来越多的人承担起进行日常决策的责任。这是时代的进步。

从某种意义上说，今天的工作者已经在授权方面超越了他们的父辈。

为了确保公司和团队的成功，你必须做好心理准备，充分了解到每个员工的能力。

你要明白，每个人都有自己的优势和劣势，而且都可能成为组织的重要角色。

下面的问题将帮助你更好地授权。

你所创建的工作环境是否具有这些特征：

· 员工是否将自己完全融入工作和公司中？

· 员工是否很有责任感？

· 员工了解自己的行为将导致什么后果吗？
· 员工知道自己的表现如何，也知道自己对公司的价值吗？
· 员工参与到决策过程中了吗？
· 员工在寻求工作方法的过程中有直接的贡献吗？
· 员工经常保持微笑吗？
· 员工询问他人是否需要帮助吗？

现在问问你自己：

· 你是否经常说“我应该独立完成这些工作”？

· 有多少员工直接向你汇报？

· 从公司成立至今或者在较长的时间之内，你拥有多少员工？

· 员工明显装病缺勤的频率有多高？

· 你直接监管过的员工中，有多少人仍然和你一起工作？

· 如果你辞职，有多少员工愿意跟随你去别的公司工作？

仔细分析你的答案。看到什么规律了吗？最终的分析显示，关键在于你自己和你所选择的授权方式。你有能力去营造让每个人更积极、更愉快的工作环境。

工作中可以借用生活技能

经常提醒自己：将员工看成超越办公室职能的个人。摒除工作的定式思维，想想这些人在生活中所做的重要决策并没有你的任何帮助。每个成年人都必须决定在哪里生活，应该买什么汽车，如何处理账单和偿还贷款。然而，世界不会因为这些决策没有经过你的批准而停止运转。在很大程度上，公司都没有意识到员工的能力。如今的工作者经常进行各种重要决策，这种生活技能已经被带进办公室，而且应该融入整个工作环境。

我们真正面临的问题是：当员工来到工作场所的时候，这些能力会发生怎样的变化呢？这些人在家里可以娴熟地平衡预算，可以持续不断地进行生活决策，在公司却被认为没有能力决定应该买哪种复写纸，应该使用哪种电话服务，这将是怎样的一种情景啊！

问题就在于公司不愿意信任员工。公司无法相信员工有能力完成任务。很多情况下，管理层存在严重的不信任和专横傲慢。那么，缺乏信任对推动经济发展的劳动力资源有着怎样的影响呢？这会导致员工忠诚度的下降。如果员工在公司始终得不到重用，或者不允许自主决策，为什么还要留下来呢？

为了超越领导力的限制，我们必须鼓励、说服和帮助员工分享彼此的“力量”。有能力控制或影响他人工作环境的员工也有权力分享这种工具。在分享权力和责任之后，就可以建立起信任、自信心，工作效率也会随之提升。

权力的定义

权力是做事和行动的能力；权力是控制他人、建立权威、左右和影响他人的能力；权力是掌权的个人或团队的权威；权力是合法的能力和权威；权力是正式文件授予的力量。

也可以说知识就是权力。知识丰富的人可以运用知识掌握权力并改变自己的命运。知识还可以帮助人们理解那些影响他们世界的因素。我们对自己的世界认识越深入，处理工作和生活中的日常问题就越顺利。

如果我们承认知识就是权力，那么，分享知识就等于分享权力。有了这种分享，每个人都可以成为赢家，如因参与决策过程而感到满意的员工，达到目标的过程中获得帮助的主管，以及工作效率和产品质量得到显著提高的公司等。

权力的分享常常出现于技能娴熟的主管和员工之间。这种积极的互动也存在于没有管理高层支持的组织中。可是，还有一个限制。如果互动行为发生在主管的责任范围之内，一切都将顺利发展。如果超出这个范围，管理的灵活性就会丧失殆尽，一切都将半途而废。因此，管理层必须理解、相信和支持这个理念：员工可以也应该因为自己的能力而得到信任和重视。

领导力的两个箴言

领导者必须不断提升两个基本思想或箴言：

· 如果你不能提供解决方案，你就是问题本身。

· 集体的智慧大于个人。

领导力必须涵盖这个基本理念：每个员工的责任应与能力相匹配。有机会分享权力和得到信任的员工可以成功合作，寻找提高生产效率、降低离职率以及解决公司面临的其他问题的方法。

在很多方面，领导与父母很相似。

· 父母为了让孩子达到必要的成熟度，必须投入大量的资源；领导为了使员工具备一定的知识和能力，也必须投入大量的资源。

· 父母将孩子教育成有责任感的公民；公司引导、培训和鼓励员工，使之成为高绩效的工作者。

· 孩子在成长过程中表现出各种技能和能力；员工在不同的工作领域中表现出各种技能和能力。

· 孩子常常从传统的课堂教育和家庭教育以外获取额外的信息；员工带来的补充技能可能是工作培训中不存在的。

·父母往往不知道孩子真正了解和掌握了哪些东西；公司也可能不知道员工真实的技能和知识水平。

·在日常生活中父母很少关心孩子究竟知道什么，做什么；公司也很少关心员工有哪些其他的技能和能力。

这种意识上的差距往往是影响家庭或公司有效运作的关键因素。父母和公司不希望“翻船”，他们喜欢稳定和按部就班。然而，我们都知道这种情况的结局。

这种苛刻的思维定式最终将迫使孩子或员工离开家庭或公司。在家里，很多孩子采用反叛和极端行为来反抗充满限制和集权的家庭环境。很多公司的员工辞职去“更好的地方”工作，因为在那里他们可以不断成长和学习。

因为每个人都渴望学习、成长、成功，所以员工最终会离开没有成长和发展机会的公司。公司（就像父母那样）必须学会信任员工，允许他们参与商业问题的解决过程。

程序战略

80/20法则

促进员工成长、发展和高绩效的方法之一就是运用80/20法则。和员工交流的时候，注意你自己说了多少，对方说了多少。坚持一个星期，看看结果如何。

为了提高员工的技能和效率，你只能使用20%的时间。将剩下的时间让给对方，他说你听。你将为能从聆听中获取如此多的建议和信息而惊诧不已。

激发热情

与目标模糊的公司相比，拥有清晰目标的公司达到目标的几率会更高。当员工对公司的产品、服务和所在的行业充满激情的时候，就会产生合力。合力是指团队成员协同工作所产生的力量，它大于个人力量的总和。

对客户服务和产品质量充满热情的员工与推进和支持客户服务和产品质量的公司可以互相促进。这两者的结合（公司与员工）将创造强大的合力。此时，员工的个人激情受到公司文化、使命、声明、运作程序和目标的影响，变得更强烈、更丰富。

公司的愿景应该被转换成顾客和员工能够听到、看到、感觉到和体验到的真实信息。富有激情的员工可以帮助公司实现愿景；一个富有激情的员工，可以影响其他的员工观点。

授权中的常见难题

给员工的权力过大

采取任何行为的时候，必须考虑到行为的动机。如果你授权给员工是为了降低次品率或者提高产品质量，这就是授权的范围。“授权”不表示员工有权力修改公司政策或者影响公司各个领域的运作。作为计划的组成部分，你应该规定原则和界限。任何计划和行动都需要限制，制定权限就是领导者的工作。

有效授权不等于放权，并不是说将权力授给其他人后，授权者可以撒手不管或者对局面失去控制与把握，如果那样，则不是有效授权，而是盲目放权。盲目放权可能给企业及组织带来混乱。因此需要在授权的同时，有严格的监督机制，以检视权力运用情况，从而使授权更加有效。

恐惧感

有些人听到授权这个词就会惊恐不已，有些人却能轻松接受授权，也有些人对此一无所知，直到必须在工作中独立进行决策的时候才如梦初醒。你可以将害怕授权的员工与理解并接受授权的员工安排在同一个团队。你可能想进行一些培训，使各个层次的相关人员尽快适应。然而，最好的培训莫过于对实际问题的交流和探讨。

有些经验丰富的员工在面临授权程度较高的工作团队时需要外界的支持。你必须仔细地向他们解释你采取这些行动的原因，以及你的思考过程。在解释决策的来龙去脉的过程中，你可以表示出对他们的尊重和认可。你或许不会马上放手，或者需要为员工提供较长的适应阶段。无论怎样，只要你努力，就可以让老员工学习新技能。

不要回头

一旦开始授权，就不能回头。你必须继续前进。如果停止授权，你的员工就会对你失去信任，对你今后的提议或行动也会产生怀疑。此外，你的员工体验到授权的滋味之后，就会看到自己的能力，希望获得更高程度的授权。如果你准备授权，就要做好坚持和收获的准备。

第6章

创建优秀团队

通过对员工的授权，你了解了每个人的优势和劣势。在此基础之上，你就可以整合所有的信息，创建专业而富有活力的团队了。领导必须学习的第6项技能即是创建优秀的团队，因为进行团队合作是当今世界不可阻挡的趋势。

随着全球竞争的加剧，公司不断强调以更少的员工创造更多的利润。为此，越来越多的公司将团队合作作为达到目标的有效方式。

如果你认识到团队应由具有各种的技能与才干的个人组成，建立团队就会变得容易。每个团队成员都有独特的技能，这些技能必须被确认和衡量，并与其他团队成员的技能相比较。如果每个成员都能够为团队做出最大贡献，那么，达到目标就相对容易，人们也会更积极地参与其中。致力于创建团队的公司应当知道，将精心挑选的员工组成工作团队，以此改善公司经营是非常重要的。

对团队施以指导和影响的领导者应考虑到每个参与者的不同优势。领导者的责任是将每个团队成员的优势和能力注入团队，以此完成整体目标。此外，领导者还必须协调每个团队成员的日常安排，以此实现总体目标的达成。

勾勒成功的团队

目标：团队应有定义清晰的目标。体育团队的目标是赢得比赛。工作团队的目标可能是寻找降低产品成本的方法。无论你在哪种类型的团队中效力，没有方向，团队就不可能成功。团队不但要有方向，还要有正确的方向，否则会取得错误的结果。因此，团队必须常常对照目标，检查进程。

原则：团队要创建所有人都必须遵循的原则和程序，即使某些成员不喜欢这样，也不能忽视这项工作。如果团队希望达到目标，就必须有定义清晰的操作原则。

时间：你必须花些时间创建支持性和及时反馈的系统，使团队能够顺利运作。团队成员需要足够的时间来建立可以让自己高效工作的程序和战略。

成员：你应该确保成员代表了对团队工作的成果备感兴趣的公司职能部门。更重要的是，成员必须向自己所在的部门反映各种问题，并且拥有这些问题的决策权。

技能：记住，每个成员的技能和才干必须被清晰而准确地识别和评估。团队必须知道谁是处理各种突发问题的最佳人选。

拥护：团队必须有指定的领导者来担任团队的拥护者、建议者和支持者。这个角色的分配和认可能使组织的其他员工立刻认识到团队的价值。

支持：高层管理者和组织的其他团队必须不断支持和认可团队的努力。公司必须定期展示团队工作的价值和重要性。

领导型团队与自主型团队

领导型团队

领导型团队和自主型团队在运作方面完全不同。对于前者，团队领导安排工作日程，举行团队会议，给所有成员分配任务。团队领导可以是任何人，在大多数情况下，往往是部门的高级员工。有时候，领导者从不同部门挑选员工的标准是他们是否具备解决公司内部特殊问题的能力。

团队领导可能非常出色，也可能使团队陷入困境。高绩效的领导者通过头脑风暴法、安排事务先后处理的顺序以及规定最后期限（这是最重要的）等方式来提高团队的专注度。这会使每个团队成员必须有所作为，他们的技能也将得到充分的运用。

高绩效的工作团队是任何组织获取成功不可或缺的因素。现在，让我们看看作为团队领导必须谨记于心的关键点。

· 拥有清晰、精确和可测量的目标。你的团队必须知道需要完成的确切目标以及完成目标的确切日期。清晰定义的目标描述了真实的产出，这对团队的成功至关重要。

· 为团队安排足够的发展时间。不要只关心进度，你要考虑到工作质量。你应该安排合理的时间预算，更重要的是，你还必须保证管理层对此时间的支持。

· 对团队成员的技能和才干进行评估。确保所有成员都能为团队带来与众不同的技能。不要过于担心他们的不足。将公司中的顶尖人才组成团队共同解决问题，这才是你应该关注的事情。

· 建立清晰、开放和及时反馈的沟通体系。所有团队成员必须知道，别的团队成员和领导层都会聆听他们的提议。这样就可以建立信任，而信任可以增强信心和力量。作为团队领导要竭尽所能在团队中建立稳固的沟通策略。

·以公开的方式对团队的成功表示认可。认可团队的努力，寻找特别的方式公开庆祝团队的成功。团队有衡量进步的各种标准，你要利用这些标准强化团队的价值和成功。

自主型团队

自主型团队的成员可能来自组织的不同部门，比如财务部、市场部、运营部、销售部、行政部等。这些团队通常由具备不同技能和才干的员工以及部门经理组成。建立自主型团队的前提是，团队由内部的领导力驱使，不需要外部人员管理监督。自主型团队依靠个人来维持整体的高效运作。在理想的情况下，团队成员能彼此取长补短，在战略层面达成共识。

这种团队运作形式，能够增强员工的领导力与合作能力。而且，高层经理也不必直接参与团队工作，可以将更多的时间投入到别的事务中去。

角色扮演

在自主型团队中，每个成员可以扮演很多角色。性格是决定谁扮演哪种角色的主要因素。

拉拉队长

拉拉队长可以鼓舞团队，他永远承担着提升士气的责任。拉拉队队长永远强调积极的方面，弱化消极的方面。存在这样的角色不是什么坏事，但有时候可能会与别的团队成员发生冲突。

反对者

这种人看似热衷于口舌之争，其实他们是希望找到问题的核心和关键，找出最佳的解决方案。他们关注问题的根源，探求各种解决方案的可行性。

缪斯女神

缪斯女神可以给团队带来创造力的火花，激励别人突破思维的界限。这种人为团队提供大量的想法，他们希望别人帮助自己决定应该如何实施这些新想法。

顾问

智慧来自经验，而顾问具备丰富的经验。他们可以为团队提供知识和信息，提出解决问题的深刻见解。顾问希望所有人都能参与解决问题的过程，因此，对顾问而言每个人的想法都很有价值。

推动者

这种人知道怎样才能完成工作。条理性和授权是推动者的优势所在。但是他们有可能变得专横而傲慢，甚至想控制整个团队。

对团队而言，每种角色都有重要的作用。团队成员是否有能力在不同的发展阶段承担不同的角色，将决定团队的成败。你的团队至少要有一个强大的推动者。

以下是自主型团队如何运作的例子。在这个案例中，团队的目标是寻找降低保险索赔的方法，以此遏制保费的不断上升。为了达到目标，自主型团队应该定义团队目标的每个细节，确保每个细微的方面都被考虑到。长期以来，公司员工的赔偿体系是什么样的呢？

- 整理出过去 6 个月公司内部真实的索赔情况。
- 整理出目前以及过去的保费情况。
- 你面临哪种类型的索赔？
- 谁负责索赔报告？
- 谁负责管理员工的赔偿体系？

根据目标，分析整个公司的情况。团队必须理清事实。哪个部门的索赔数量最多？然后将所有索赔按照部门、类型和金额的大小进行分类。你发现索赔结构发生重大变化是在什么时候？与此同时，发生了什么特别的事情？

找出团队内部缺乏的必要人员。团队可能没有足够的人力或合适的人员来处理这些特殊问题，这就可能需要补充人员。比如，是否需要财务专家的协助？是否需要懂得员工赔偿的人帮忙？

在团队内部建立沟通、反馈和支持的指导原则。团队必须提供每个成员都可以使用的指导原则。关于员工赔偿的问题，团队应该：

· 建立固定的系统，向各个部门汇报索赔数据。
· 为每个部门建立吸纳建议、减少索赔的机制。
· 建立反映进展情况的细目表。
· 建立内外部可利用资源的清单。

通过头脑风暴法寻求解决问题的创造性方法。团队将找出很多种解决方案。所有的建议都将被记录和讨论。或许某个疯狂的想法就是驱散阴霾的阳光。处理员工索赔问题的时候，团队应该实施以下步骤：

· 创立完备而安全的措施。
· 更新设备。
· 对必要的人员进行技术培训。
· 对处理索赔书面材料的员工进行培训。
· 严格地追踪索赔。
· 雇用一个员工，专门负责监督索赔活动。
· 对索赔减少的部门给予鼓励性的奖励。

对可能的解决方案进行排序。找出理想的方案之后，团队必须考察这些方案的可行性。团队应该选择成功几率最大的方案。

设定时间表和最后期限。这是团队建立工作计划和战略的开始。最简单的方法是根据日期和新保费的建立来制定时间表。其中必须包含按照项目进程应该有的定期评估、反馈和确认。计划也应该根据信息的更新不断调整。

将最终的行动计划通告整个组织。有了清晰的行动计划和时间表，团队就应该通告整个组织，使每个员工都支持团队的工作。工作的计划和时间表可以通过常规的沟通工具进行传送。团队还应该让主管和关键人员知道，团队什么时候需要反馈和传达计划。

分配任务，执行行动计划。行动计划和时间表中包含大量的任务。这些必须分配给每个团队成员，充分运用他们的才能和技术。团队可采取以下步骤：

·将任务在所有成员中间均衡分配。

·分配任务的过程中，充分运用每个人的优势。

·设定期限和清晰的期望结果，使所有成员都知道自己的工作标准。

·明确强调团队协作的重要性，不提倡单独行动。

评估行动计划的成果。根据之前建立的指导原则以及来自公司的反馈，对团队的成果进行评估。在计划的执行过程中就可以进行评估，并进行必要的修改。

第7章

———///———

时间管理

时间管理是领导要学习的第7项技能。或许你已经在前面的6个阶段中取得了成功，但是，没有适当的时间管理，你的领导才能必将枯竭。

到目前为止，你已经知道必须在工作和生活的各个领域之间寻求平衡，这就是制定和坚持有效的时间管理的重要原因。如果工作对你的私人事务和家庭生活造成了干扰，糟糕的时间管理就是最可能的祸根。本章将帮助你提高这方面的管理能力，使你的工作和生活达到平衡。

关于时间管理

当人们说起时间管理的时候，想到的第一件事情往往是他们的工作。毕竟，这是我们最能直接感受到时间压力的地方。看看下面的描述：

· 你始终处在与下属、同级和上司的激烈竞争中。

· 你觉得必须保持繁忙的状态，因为这种形象是成功的象征。

· 你有必须完成的任务和必须会见的人员。

· 突如其来的会议、午餐约会、电话、文书工作等使你不堪重负。

· 你需要会见许多人，为此，你感到压力重重。

这些情景听起来熟悉吗？工作环境对你造成的压力有可能会影响到你的私人事务和家庭生活。如果你不能有效解决这些问题，结果往往是你什么都完成不了，工作压力也会越来越大。

记住这些，在工作中进行时间管理就很容易了。你不会感到难以承受，甚至会兴奋异常。现在就让我们开始吧。

第一步：端正态度

有能力进行时间管理是你的工作态度的直接结果。换言之，如果你喜欢自己的工作，你对工作时间的感觉很可能比那些在单调沉闷的工作中艰难度日的人好很多。

第二步：整理你的要务清单

将工作的重要方面列成清单，按照生活价值的高低重新排序。记住，你的次序也许和公司或行业的其他员工有所不同。但这没有问题，你的次序反映的是你的价值观，而不是别人的价值观。

第三步：建立计划

计划的最佳形式是对目标的描述。你希望工作给自己带来哪些收获？你希望自己在5年之后、10年之后、临近退休的时候是什么样子？你必须为未来设定目标，找到达到目标的必要步骤。你准备提高自己的教育水平吗？

或许你希望改变自己在公司的地位或职务，甚至改变公司本身。如何做到这些呢？你要为目标设定时间限制，不要松懈。

第四步：执行计划

为计划制定时间表，要注意符合实际情况。说起工作和职业目标的时候，人们往往会感到手足无措。这可能是你把自己逼得太紧，也可能是你的负担过于沉重。不要给自己过大的压力。

安排好工作的先后次序，注意时间的合理利用。保持工作与玩乐的平衡，空闲时间并不一定要做和工作有关的事情。

第五步：行事有序

整理你的工作空间对工作质量有着积极的影响。把东西放在适当的位置并保持伸手可及的状态，将帮助你提高工作效率。将工作空间设计成能够满足自己需求并使自己感到舒适，对减轻压力和提高自尊有巨大影响的空间。

条理化是时间管理的重要组成部分。你应该记录每天所进行的活动。秩序井然的系统应该符合你的需求和习惯。

整理你的工作空间

每个人的工作空间各不相同，但是，时间管理和条理化的基本原则却所差无几。拥有基础之后，你就可以运用自己的时间管理技巧不断进步。有些技巧适用于所有人，有些则仅适用于你。

无论是在废弃的仓库里工作，还是在现代化的摩天大楼中工作，你的工作空间都必须井然有序。这并不意味着你的桌面上不能堆放任何东西，也不能沾有丝毫的灰尘。井然有序意味着你知道每样东西摆放的位置。

如果辛辛苦苦建立起来的时间管理系统运行两周之后就寿终正寝的话，这就是浪费时间了。如果你对从哪里开始还是一头雾水，那就继续读下去吧。

意图明确的文件之旅

或许你想从时间管理和条理化的根本——文件管理开始。在开始的时候就降服这头恶兽可以使工作轻松不少。文件却占据了我们办公桌上的绝大部分空间，它以令人吃惊的速度奇迹般地堆积起来。文件可以使你的办公室混乱不堪，比小木屋上的白蚁还令人恐惧。

如果可能的话，最好一次性解决文件问题。一旦发现，就设法找出应对措施，立刻进行处理。有些文件夹可以将乱七八糟的文件整理清楚。大多数人喜欢按照字母排序的体系，这种体系既简单又方便。

但是，如果你不喜欢或者不习惯，也可以使用颜色体系：以不同的颜色进行分类和标示。只要每份文件都有清晰的标志，并且放在合理的位置上，就能成为最适合你的文件体系。

如果你整天都要使用某些文件，就将这些文件放在一起。比如，如果你要写报告，就可以将所有相关的文件放在一起。使用单独的文件夹可以使这些文件处在某个固定的位置。

记住，必须在文件夹上标清楚，以便查找。如果手头没有现成的文件夹，也可以用橡皮带将文件绑在一起。如果你知道文件的确切位置，就没有必要终日翻找文件了。

公文格也是整理文件的有效工具。公文格可以使文件整齐地堆放，那样就不会占用太多空间，你可以为每个公文格定义不同的功能。比如，需要立刻处理的文件放在顶端的公文格中，可以稍后处理的重要文件放在第二个公文格中，你还可以准备一个特殊的公文格，存放需要存档的文件。

记住，不要将公文格塞得太满！尽量使公文格处在你的控制之中，保持公文格的实用性和随手可及性，不要让公文格成为工作拖延的借口或文件长久存放的场所。

仔细观察目前的文件整理状态。你是否已建立了一个体系，只是没有坚持？也许你从来没有考虑过建立体系。那么现在是加以改变的时候了。成功处理文件问题之后，你将发现很多问题可以迎刃而解。

便捷

办公室里的物品摆放是否便于使用将直接影响你的时间管理和条理化的成效。看看周围，哪些物品是你最经常使用的？这些物品处在伸手可及的地方，还是要穿过整个房间才能拿到呢？物品摆放混乱可以将最有条理的人的工作效率毁损殆尽。因为每当你需要某本书的时候，你不得不放下手头的工作，走到办公室的另一头去拿。这样，你的注意力就一次又一次地被打断。久而久之，你的时间将被严重侵占。这些无谓的身体动作甚至会让你感觉疲惫不堪。后来，你发现自己变懒了，不想把书放回原处了。你觉得还会用到这些书，为什么还要浪费时间和精力放回去呢？

结果，你的办公桌就变得混乱不堪。你找不到这些厚重的书本下面的任何东西了。甚至办公桌已经放不下这些书，你的脚边也慢慢出现书堆。书页被撕破，书的封面也已翻卷。你的办公桌已经成为混乱不堪的垃圾场。

那么，你应该做些什么呢？最好的办法是防微杜渐。你需要的是小规模的重新整理，做到这些并不困难。如果靠近办公桌的是文件柜或者其他可移动物品，那不妨用书柜来替代。必须记住，你决定移动的任何物品不能造成原来就存在的问题。如果你把书柜当成文件柜来使用，两者的互换就没有任何意义。现在正是你的创造性思维发挥作用的时候。

或许你并不需要将所有的书都放在书架上，你需要的只是一些参考书。可以考虑在办公桌旁边挂一个小书架，专门放置这些使用频率最高的参考书，以便你随时查找。悬挂式的书架不会占用额外的墙面空间，相反，还能增加办公室的视觉深度。如果书架不行，可以考虑迷你的文件柜和阅览架，放在你的脚边，保证有足够的空间来放置这些书。

细节

你已经解决了两个大问题，现在是关注小问题的时候了。如果你的办公室与别人的所差无几，那么，就应该存在很多微小的细节。

你所能做的就是使工作空间更舒适、更便捷、更有条理，这些事情都能提升你的工作效率，因此，千万不要忽视你的责任。

· 确保所有物品都在你伸手可及的范围之内。这里的物品包括笔、公文夹、订书机、尺、磁带、黏性便笺等。这些常用的物品必须有固定的摆放位置。任何办公用品商店都能为你提供存放这些物品的各种装置。你也可以考虑腾出一个抽屉专门摆放常用物品。你甚至可以使用硬纸板等简单的工具将抽屉分隔成几个部分，防止物品混杂起来。关键是要确保所有物品都放在合理的位置上，而且与你的体系相符合。

· 额外的物品也能用在你的体系中。电子公告牌可以帮助你腾出更多的桌面空间，而且能使物品处在你的视线范围之内。可以记录工作安排的台历会对你很有帮助。这样，你只需稍稍扫视，就可以知道未来几周的工作安排。

· 在电话旁边准备一个小本子或便笺纸。每天开始工作的时候，在空白页的顶端写上日期。在这页上记录当天所有的通话内容。当你记不清楚电话内容，或者有人在电话中试图改变口头承诺的时候，你就会发现这些记录的作用了。要记住一天之内拨打和接听的所有电话并不容易。看看这些记录，事情将变得井然有序。

·将类似的物品放在一起。信笺、信封和邮票应该放在相同的地方。这样，你就不会为寄一封普通的信件而找遍整个办公室了。

成功的时间管理

既然你已经知道条理化的重要性，就可以向成功的时间管理奋进了。下面的建议能够提高你的工作效率。

·合理计划每天和每周的工作时间。如果你无法合理计划自己的时间，你就不可能成为高绩效的领导者。尽可能仔细地制定每天的工作内容，列出每周最重要的待处理事务。

·找出那些最紧急的任务和对公司影响最大的任务。有些任务可能既重要又紧急，比如，明天必须完成的建立新客户关系的建议书就是既重要又紧急的任务。不过事实上，紧急的任务往往不是最重要的。

·提高计划的灵活性。安排一段时间（比如午饭后的几个小时）来处理计划外的事情或者当天出现的任务。

·确保优先处理的工作与公司的战略和年度计划保持同步。

·计划好第二天的时间安排。大多数人在处理早晨的第一份工作时的精力最充沛，因此，你应该从处理手头的任务开始一天的工作，而不是决定首先处理哪些任务。计划每天的工作是体能低迷阶段（工作日结束的时候或者晚上在家的时候）的最佳选择。当你清楚地知道工作应该从哪里着手的时候，你会很快进入工作状态。

·试着一天关注一个重要的目标。你每天必须处理某些突发或紧急的事件。尽管如此，尽量将时间集中到某项任务上。在未找到解决方案或确认进展之前，不要从一项任务跳转到另一项任务。

· 委托。每天检查有待完成的任务清单，看看组织中的哪些成员可以帮助你完成。将全部或者部分的任务委托给这些员工。

· 充分利用午餐时间。午餐会议是与员工讨论某些特殊问题的理想形式。试试头脑风暴法，分析各项提议的利弊，听取某位员工的任务进展报告。但是，不要在午餐时间讨论高度情绪化的问题，比如绩效。

· 指导他人有效地利用时间。和他们坐在一起，帮助他们计划时间。强调你为他们设定的目标和他们的职责。同时，必须给他们一定的自由度，让他们建立自己的计划时间的方法。也许有些人喜欢计算机上的日程管理工具，而另一些人喜欢书面计划。

第8章

成功解决冲突与问题

妥善解决冲突是领导要学习的重要技巧之一。在你已经练就或开始培养领导能力的时候，解决冲突对你的帮助将是巨大的。任何理念都会出现问题，因此，你必须做好准备，运用解决问题式的应对方法。

任何工作场所，无论管理体系多么完善，都存在或多或少的冲突。冲突的解决情况将直接影响整个部门的工作效率。作为领导者，你必须尽早识别冲突以及冲突的类型和深层次的原因，并鼓励冲突的当事人参与解决过程。

冲突会发生在员工、经理和部门之间的各个层面。如果冲突可以得到妥善的处理，个人和组织都将从中获益。

分解与攻克

冲突有两种类型，了解两者的区别，以不同的方法分别对待，可以让你分解和攻克这些问题。第一种是不必要的冲突，即破坏性冲突。这是由于人们的观点出现分歧、缺乏信息、存在敌意（这种敌意不可预测，可能引起分歧，如果早期的信号没有被重视就会酿成爆发性的冲突）而产生的。第二种是可以解决的冲突，也可以称之为建设性冲突。这是由于两个人的观点截然相反造成的，从根本上讲是由于需求、目标、价值观、兴趣等方面的不同造成的，而这些冲突在开始的时候就应该被对方理解，并成为满足双方需求的基础。

敏锐的管理者要抑制破坏性冲突，鼓励有益的良性冲突。一团和气、融洽、和平、安宁的组织容易对变革和革新的需要表现为冷漠或迟钝，而外界环境一旦剧烈变化，变革一旦真的到来，内部将立即一片混乱，甚至面临崩溃。著名的雅虎公司在2000年网络灾难中未能幸免，其市值从1000多亿美元一落千丈，跌至100亿美元，事后其自身反省和外部管理学家研究都表明，抛开大市不好等外部原因，雅虎在管理中缺乏容忍型冲突，缺乏容许发表不同意见和开展争论的氛围，忽视冲突管理是造成这一灾害的重要原因。所以，一定水平的有益的冲突会使组织保持旺盛的生命力。

进行冲突管理首先要求管理者能够迅速鉴别建设性冲突与破坏性冲突的临界状态。显然，冲突太多或太少对组织的发展都是不好的。冲突过多会造成混乱、无序、不合作和分裂，冲突太少会使组织对变化反应迟缓，缺乏变革动力和欲望。建设性冲突与破坏性冲突的突出区别在于：前者冲突的双方多关心企业共同目标的实现，乐于了解对方的观点，冲突中，注重相互沟通；而破坏性冲突则不然，它表现为不愿听取对方的观点和意见，双方争论常转变为人身攻击，目的是破坏性的。当然，两者也并无截然区别，有时是交叉进行，也可能相互转化，所以，管理者必须及时设法缓解破坏性冲突，并在此基础上发挥良性冲突促进管理的积极作用。

不必要的冲突

当某个人觉得自己的日程安排没有得到另一个人认可的时候，最容易发生不必要的冲突。这种冲突可以是以下事件导致的结果：

· 强烈的消极感受，比如焦虑、压力、愤怒等。

· 沟通不畅，比如误解、信息缺失等。

· 不同的观念和态度导致的分歧，比如偏见、对变化的抵制，对“亘古不变的做事方法”的歧视等。

不必要的冲突会不断升级，尤其是管理者在不经意中引起或增加冲突的时候更是如此。有时候，管理者甚至没有能力去解决这些由组织限制所导致的冲突。因此，他们必须找到预防、降低和控制冲突的方法。在识别冲突之后，他们必须决定是否干涉，然后决定如何解决。

可以解决的冲突

当两个人的观念建立在截然不同的需求、目标、价值观、兴趣等基础上的时候，就会产生可以解决的冲突。来自组织中不同部门的员工对资源问题的分歧就是这种冲突的例子。每个人都认为对方应该对问题负责。这种类型的冲突应该处在领导者的控制范围之内，而且可以通过简单的10个步骤加以解决。

成功的10个步骤

· 阐述事实，不要带有感情色彩，也不要进行指责和判断。用第一人称叙述：“我看到有关……的问题。”然后，将你了解的信息传达给另一方，其间不要指责任何个人和部门。如果你要求员工帮助你解决问题，那么，就不大可能遇到不合作的员工和有敌意的员工了。

· 询问另一方的观点，积极聆听并了解他的需求。询问其他人对当前情况的看法，他们需要哪些资源来解决问题。仔细聆听，不要加入自己的判断，不要强调自己的职位，也不要和对方争论。

· 清楚地表达自己的观点，确保他人能够正确理解。尽量保证信息传达的精确性，询问他人对自己观点的看法。

· 根据双方的需求，澄清和定义问题。

· 共同制定双方都能接受的目标或条件。问问他们："你们都在寻求怎样的结果？"在寻找解决方案之前设定目标是非常重要的。

· 采用头脑风暴法寻找可行的解决方案。现在的目标是利用几种可能的方法来缓解冲突，而不是评价每种方法本身。如果提出的方法很多，就会发现更有创造性和可行性的方法。如果时间允许，在问题完全解决或者列出和讨论所有方案之前，不要选择任何方法。

· 选择最有可能满足双方需求的解决方案。现在是列出所有方案并逐个评估的时候了。某些最好的方案往往是看似疯狂或不切实际的提议的综合。记下双方最愿意尝试的方法，记住，稍后可能要进行修正。

· 建立符合实际的行动计划，决定谁应该做什么事情以及做事的时间、地点和方法。根据最终的解决方案，制订可以确保成功的行动计划。制定工作表，给每个相关人员发一份复印件。制定检查点，在行动过程中评估进展情况。让双方知道方案的执行情况，并确认目标完成的情况。

· 实施计划。讨论并决定方案之后就应该实施计划了。双方必须完成自己的行动步骤。通常情况下，适当的重复是必要的，尤其是存在必须克服的潜在障碍的时候。

·根据共同目标来评价解决方案的成功性。在最初讨论的时候，规定计划实施后的会面时间非常重要。有时可能需要适当的修正甚至采取全新的解决方案。冲突的当事人之所以选择这种解决方案，是因为他们重视自己的工作关系，希望获得很好的结果。这也是你判断方案成功与否的标准。

解决冲突时应该做的和不该做的

应该做的事情：

·表示同情，观察别人感到烦恼的非语言信号。

·尽早面对困难的问题。

·清晰表达并持续强调你的信息。

·进行目光接触。

·心胸开阔，积极聆听。

·试着达成妥协。

·保持中立，不带偏见。

·克制争论的冲动。

·尊重别人。

不应该做的事情：

·不顾及对方的感受。

·自相矛盾。

·为了避免冲突而甘愿放弃。

·轻视对方。

·在未获得完整信息之前就下结论。

·主动提供建议。

·过度防备或者出现攻击行为。

第 9 章

掌握变化

接受变化是另一个领导要学习的重要技能。并非所有的变化都是冲突和问题导致的，但是，好好学习解决问题的课程对你很有好处。有能力接受身边不断出现的改变将帮助你成为成功的领导者。

在如今的工作场所，唯一不变的就是变化本身。因此，处理变化的能力已经成为非常重要的管理技能。提高这项技能需要关注沟通、富有同情心、建立信任、态度积极、寻找员工投入和员工授权的创造性方法。现在的劳动力需求就是对变化的清楚而精确的解释，管理者必须明白这一点。

第一阶段：理解变化

在讨论领导者如何帮助员工处理变化之前，建立对变化的共识并理解变化过程涉及哪些事件是很重要的。首先，你必须检查发生变化的确切事件；然后设法处理新体系代替旧体系所导致的情绪和心理变化。变化可能涉及到工作、场所、职责、团队、管理者等方面，同时会产生深远的影响。然而，最重要的始终是我们处理变化的方法。

变化为什么是必要的

在商场中想保持现状的想法和幻想没什么差别。你不是前进，就是落后。这种变化也许很慢，一天之内可能无法觉察，但却从来没有停止过。变化是前进的催化剂。没有变化的生活将多么枯燥和乏味啊。

是什么导致了变化

令人难以置信的科技发展加速了经济的全球化进程，同时加剧了经济竞争。变化是一个动态的过程，在外部压力的迫使下，组织要想保持竞争力就必须进行改变。无法紧跟时代步伐或者无法处于领先地位的公司肯定会被淘汰出局。

所有的变化都是有益的吗

一句话：不是！这就是领导者要建立互相信任和开放式的环境，让员工自由提问和获得直接答案的重要原因。你应该对变化进行严格的监督并仔细观察变化过程中出现的问题，比如思维不完善、缺乏判断力等。这样将帮助你避开有害的变化，提高你对变化的控制能力。

第二阶段：认识变化

领导者首先应该认识到员工的第六感可以预见变化的发生，这样才能对变化进行成功的干预。因此，在备忘录中记录或传达任何事情之前，员工们已经有所感觉了。相信变化可以被隐藏是天真的想法，弥散在员工之间的疑云也会导致生产效率和士气的下降，还会引发恐惧、压力、焦虑等负面情绪。领导者可以做的最好决策（虽然内心的本能是隐藏变化）是给员工提供尽可能多的关于变化的信息，并以开放、诚实、勇敢的心态去面对员工在变化发生后的需求。

商业活动（生活也一样）中的变化始终存在，只是过去的变化的速度相对缓慢而已。

现在，变化的速度突飞猛进。变化的狂轰滥炸，使我们几乎没有时间来适应和喘息。然而，变化的速度还将不断加快，我们应该设法接受和迎接变化，千万不能抗拒变化。

人们对自己策划的变化往往更有热情。因此，你随时可以寻求他们的帮助。同时，你也应该帮助别人提高对变化的控制意识。只要不是别人强加的变化，不是自己没有主动权的变化，人们就不会有太多的抗拒。

第三阶段：接受变化

记住，如果你在其他员工获悉变化之前就得知信息，就有更多的时间去接受和适应。别人也同样需要时间去理解、接受和调整，因此要给别人合理的过渡时期，对他们保持耐心。变化包括旧习惯的破除和新习惯的建立。

有些方法可以推进接受变化的进程。你的态度、动机以及应对变化的表现，在为他人设定基调的过程中往往起到决定性的作用。如果人们知道你也和他们一样，面临着不确定性，可是依然积极而信任地帮助他们，他们就会遵循你的方法。没有人希望自己在面临工作的变化时感到孤独无援。表示同情和支持将帮助你的员工理解变化发生的原因，从而认同你在变化中付出的努力。

在变化发生的时候，必须保持谨慎。注意负面的、破坏性的表现，比如争吵、拖延、无精打采、对工作质量和数量的漠视等。此时，还应该注意员工与其他公司勾结，尤其是与竞争对手的勾结。

如果你发现任何兆头，就应该和员工私下交流，告诉他你知道的事情；让他知道，你随时准备和他交流。很多情况下，仅仅知道某人关心自己或者愿意和自己交流就能给员工很多帮助。

如果情况比较严重，建议员工参加员工援助计划，或者和工作以外的人交流目前的境况。根据变化的类型和程度，也可以使用专业化的帮助。

为了迎接越来越激烈的市场竞争，改组、裁员、组织变革等做法已成为管理中的固定内容。大规模裁减工作职位和汇报层级加重了经理和专员们的工作量，同时还有很多岗位的工作要求发生变化，需要更多能力的综合，压力总是无穷无尽。

第 10 章

正确评价员工

优秀的领导者必须承担起评估员工绩效和技能水平的责任。

为了使员工评估系统正常运作并具有价值，你必须建立双向沟通，而不是在你总结员工的缺点之后给予对方辩驳的机会！你必须聆听他对自身表现的看法；在评价过程中，你必须关注对方的看法；此外，你还必须帮助员工建立未来评估时应该达成的目标。

每个员工都是与众不同的，你必须承认这个事实。对于不同的员工，必须采取不同的应对方法。有些人需要详细的指导和近距离的监督；有些人的热情过于高涨，必须适当抑制他们想彻底改造本部门的“雄心壮志”。这些员工都不“坏”，他们需要的是独特的指导原则。评价员工的时候，必须记住这一点。

绩效评估的目标

绩效评估可能是促进管理者与员工进行沟通的最积极的工具了。大多数管理者害怕反馈，大多数员工也害怕知道结果。产生这些感觉的重要原因就是很多管理者不知道如何给出积极的反馈。管理者应该记住，评估是给员工提供反馈、指示和领导的机会。好好利用这些时间，你将得到丰硕的收获。

准备或实施评估的时候，记住自己的任务是指导员工。你不仅要鼓励和支持员工，还应该在需要改进的方面给予指导。与此同时，你应该保证对方对自身表现的感受是积极的，而且知道自己将来应该怎么做。获悉评价结果的员工应该对自己的成果有积极的认识，应该知道还需要做什么和怎么做。

为评估程序做准备

评价过程中，管理者应该和员工合作，为他们提供建设性的评价，分析他们的优势和劣势，为他们设定来年的目标。如果是建设性的客观评价，员工可以深刻认识到自己对公司使命的贡献，认识到经理对自己的预期，认识到自己所擅长的领域和需要改进的领域。

回顾工作描述

绩效评估的宗旨是管理者对员工完成某项工作的能力的客观评价，因此，管理者必须记住，评价应该关注与工作相关的因素，而不是与个人相关的因素，比如服务年限、个人偏见等。评价者还应该避免“晕轮效应”（根据最后几个月的表现来决定全年的绩效表现）。

为了保证完全的客观性，管理者必须先了解员工的工作特征。最好的方法就是在评估之前和员工一起回顾工作描述。这样，管理者可以知道员工已经做了和正在做的事情，他喜欢或不喜欢的工作方面和将来打算做的事情。这也是和员工分析工作描述的机会，你们可以根据目前的责任和义务，对工作描述进行适当的修改和更新。

回顾以前的记录

准备绩效评估的第二个步骤是收集相关信息，比如前一年的评估报告、推荐信、投诉、警告等。回顾以前的评估结果，看看有没有重大进步，判断目标有没有达成。正确设定的目标应该有配套的可测量的评价标准，通过这些标准的核对，就可以轻松判断目标是完全达成、部分达成，还是没有达成。

收集支持性的材料

回顾当年的记录，寻找具体的事例，支持你在评估报告中的陈述（尤其是负面的评价）。收集员工喜欢的事例，尤其是当他们受到批评的时候，将这些告诉他们。

当然，这种类型的评价应该在事件发生的时候及时传达给员工，而不应该在事情发生之后才告诉他们。

简明扼要

当坐下来开始写评估报告的时候，将评价锁定在特殊的事件或目标上，每条评论控制在1～2个小段落之内。可是，必须以你收集的事例作为支持。

使员工参与

为了使员工参与绩效评估的过程，可以让他们采用你自己用的评估表，做一份自我评估。这样可以提高沟通的开放度，你也可以深刻认识到员工对自己的评价。如果对方的观点与你的判断大相径庭，就说明你和员工的沟通存在问题。毋庸置疑，你们分歧最大的地方就是你在评估中应该重点关注的地方。此外，为了提高员工的参与度，还可以让他们回答诸如此类的问题：

· 你认为自己在这一年中取得了哪些重大成果？
· 你认为哪些事情可以做得更好？

· 我可以做些什么使你的工作轻松一点儿?

· 你希望改变工作中的哪些事情?

设定目标

今年的绩效评估完成之后，就应该开始为明年设定目标了。在你帮助员工设定个人目标之前，你必须明确整个部门应该达成的成果。你必须将自己的需求和部门的需求告诉员工，这样，他们才能看到自己对整体的贡献和意义。

绩效目标是你希望员工在一定的时间范围内所能达成的结果。目标应该容易理解和衡量，应该有一定的挑战性却不能超出员工的能力范围。目标主要有4种类型：

· 创造性是员工在工作中努力达成的新成果。比如，员工在完成某项特殊任务（开拓新的销售领域等）的时候承担新的职务或责任。

· 解决方案涉及需要客观分析来解决问题的情况，比如以效率最高、成本最低的方式将产品从生产部门转移到顾客手中。

· 常规是现有工作标准的改进，比如销售业绩的不断好转。

· 学习是员工在职业生涯中不断成长、提高责任感、接受新任务的机会。比如，某个员工学习桌面出版系统之后能够使市场宣传材料更引人注目，看起来更专业。

你甚至希望设定在固定期限内必须达成的目标。很多公司有30天、60天和90天的试用期。在这段时间内，如果雇主或雇员认为工作存在问题，员工可以离开公司，这样就不会给员工造成严重的负面影响（希望如此）。

作为管理者和领导者，你必须和员工一起决定每年应该达成的目标，并确认对方对每一项目标都有清楚的认识。

设定目标之后，继续下面的步骤：

· 在员工设定目标的方法上达成共识。
· 在衡量目标成果的方法上达成共识。
· 建立双方都认可的预算。
· 在一年之中监督目标完成度的参考标准上达成共识。

传达信息

现在，将绩效评估的结果告诉员工，让他们知道从去年到今年的变化。表现处在平均水平还是超过平均水平？非常出色还是非常糟糕？根据公司使用的绩效衡量工具，员工应该知道自己的优势和劣势以及上司对自身表现的看法。在你“传达信息”之前，员工至少应该对自己对公司成功的贡献有基本的认识。

传达信息也意味着开始讨论恐怖的薪酬问题。对管理者而言，尤其是绩效和工资没有严格联系的情况下，讨论薪酬是非常敏感和棘手的问题。通常来说，绩效表现处于平均水平的年度工资增长率应该保持在3%～5%，绩效表现超过平均水平或者非常突出的员工应该获得7%～12%的年度增长率。

写评价报告

绩效评估是高度情绪化的工作，尤其对员工来说更是如此。因此，在评价的时候，应该想好特定的框架。动笔之前，计划好每个部分将阐述的内容，保证你可以成功传达希望对方知道的信息。

问候

以热情的问候开始评价过程，也可以运用简短的对话缓解压力，创造良好的评价环境。

总结

保证每个员工都知道自己的总体表现处在什么水平。首先总结员工的总体表现，然后解释评价等级的意义。此时，不要涉及任何的薪酬问题。如果在开始的时候不给出明确的总体评价，员工将在整个评估过程中根据你的评论不断揣测自己的总体表现。

听到你的总结之后，员工可能希望立刻进行讨论。尽量将讨论压后，在此之前，你应该对员工的优势和劣势进行彻底的评价。

优势

除非员工的表现无法令人满意，否则，应该赞赏和工作有关的优势（无论大小）。评价员工的优势之前，不要进行任何负面的评论。描述优势的时候，可以非常具体，也可以非常概括。

劣势

除非员工的表现无可挑剔，否则，应该提供关于薄弱环节的反馈，或者至少指出可以改进的空间。对劣势的评价应该尽量具体，比如，不要说“你的态度很差”，而应该援引具体的事例，可以说“你参加公司会议的时候经常迟到”“一年之中，你好几次非常过分地抱怨公司政策”。

反馈

讨论了员工的缺点之后，你应该给对方发表意见的机会。

礼貌地听对方讲完。不要争论不休，但是要让对方知道，他的反馈对你的评论不会造成任何影响。比如，你可以说：“我知道你不同意我的说法，但是，我对你的总体评价将维持原样。”

薪酬

根据员工的总体绩效，宣布新的薪酬等级以及新的待遇标准开始生效的日期。

结束

除非员工的表现非常令人不满，否则，尽量以积极的语气结束评价。你可以说：“公司和我个人都非常欣赏你的工作，我们非常高兴你可以成为团队的一员。”

必须记住的事情

对员工的评价应该建立在清楚了解对方绩效表现的基础之上。你应该清晰而详细地定义所有任务和责任，应该对自己和员工同时澄清完成任务的原因、期限和方法。为员工提供适当的培训和指导，让他充满自信。

定期核查进程，提供建设性的反馈，给予口头和书面的指示。有些人理解书面文字的能力较强，有些人理解口头信息的能力较强。对措辞进行适当的调整，可以使对方更容易理解。安排写作技能的培训可以帮助大家齐心协力完成评估过程。你可以运用所学的技能来记录数据和细节性的文件。这样，你可以避免将来的激烈冲突。比如，如果员工说“从来没有人跟我说过”或者“只有你说是这样做的”，你就可以拿出证据，证明当时的真实情况。

让员工及时做记录也是不错的选择。这样可以帮助他创建参考性的指导原则，从长期来看，员工的提问也会逐步减少。

成功评价与不成功评价的要素

评价之后，无论是评价者还是被评价者，都会对工作和未来有更好的感觉。如果评价的结构非常规整和完善，实施评价的过程友善而富有支持性，那么，员工就会有动力去改进自己的行为表现。

在企业里做绩效考评的时候，通常会发生这样一种情况：考评结果出来了，有一个大家认为不错的员工，考评结果却很低；而大家认为某个员工不怎么样，但他的考评结果却很好。

出现这种情况，可能有诸多原因，比如说，打分的人凭主观、凭个人的好恶来打。那打分的人为什么会凭他个人的好恶、感觉给出不同的结果？这可能跟个人的关系、人际关系有关，也有可能打分者认为这个员工在某些方面就是好。即使我们平常来评价一个员工优劣时，不同的人也会有不同的标准，有的人是站在企业的角度来评价，有的人是以技术角度来评价，有的人是按人际关系来评价，有的人从他的执行力、遵守制度来看。这些不同标准往往会导致这种情况：某某人觉得这个人不错，但考评的结果不一定很高。就是说，这个人看他的时候是一个标准，公司评价他的时候又是另外一个标准。这就引申出来一个问题：我们如何才能成功评价一个员工？

在成功的评估过程中，管理者应该：

·友善，关心员工的健康状况。

·花时间提供总体的评价，让员工对接下来的工作做好心理准备。

·从正面反馈和对目标达成度的讨论开始。

·提醒员工注意过去几个月中讨论过的消极事件，提供解决问题的讨论机会。

·让员工参与设定目标的过程，肯定他的设计方案和衡量成果。

·对员工进行评价（从不满意到非常突出），简要说明薪酬和奖金计划。

在不成功的评估过程中，管理者会：

·暗示自己希望尽快结束评价过程。

·拒绝回答员工提出的问题。

·不愿意花时间思考评价过程中的问题，也不愿意寻找更好的实施方法。

·显示出不愿意和员工一起设定目标和提高技能。

·不愿意激励员工改进自己的绩效表现。

为了保证评估过程的成功进行，应该记住，员工需要感到自己可以通过开放性的沟通来影响你的评价。

评估过程中的常见问题

问题：员工为什么应该完成自我评估？

答案：自我评价可以提高沟通的开放度。如果你长期保持稳定的赞赏和建设性的批评，你将看到员工对自己所处的位置有非常清楚的认识。实施评价之前让员工进行自我评估可以让员工有机会按照具体的标准看看自己的成果和表现。你的预期应该与评价相匹配，并且为评价提供坚实的基础。

问题：一年之中，我怎样才能抽出时间来应对这些“小规模评估”？我几乎没有时间完成别的工作了。

答案：顾名思义，“小规模评估”是一个简短而扼要的过程。这项工作只需要不到5分钟的时间，而这些时间应该是很有价值的。如果你保持清晰的记录，就可以为年度评估做好充分的准备。

问题：员工总是抱怨评估之后的薪酬提升。我应该怎么做才能制止抱怨呢？

答案：不要在实施评估的同时讨论提薪计划。超过平均水平的评价必须对应超过平均水平的提薪。很多情况下，你对员工的评价非常突出，最后的提薪却是平均水平。这样，信息的一致性就会遭到破坏。

问题：我怎样才能保证评估的客观性?

答案：记录，记录，还是记录。你的记录永远不嫌多。如果你花时间和员工进行交流，及时记录发生的事情，你就可以迅速实施客观的评估过程了。此外，你必须剔除性格冲突和个人偏见的影响。如果你为员工评估设定了目标和标准，就切中要害了。

问题：发现员工犯错的时候，我就告诉他们，可是他们没有任何改进。我有什么地方做错了吗?

答案：当你批评员工工作的时候，应该为对方提供解决问题的建议。必须记住，不是所有人的思维方式都是一样的，有些人需要更多的指导。如果你耐心地鼓励员工，大多数人会接受你的意见，积极学习解决问题的方法。

问题：我应该怎样为员工设定目标呢?

答案：如果你没有具体的目标腹案，可以问问员工，他们希望获得怎样的成果。你或许会对他们看到的和希望解决的问题惊诧不已，其实，他们只是不敢说而已。

问题：就算最后的结果不是很糟糕，我也会对自己做出较负面的评价。对员工进行评估的时候，我应该怎样避免这种倾向呢?

答案：根据员工的成果，积极讨论他们的绩效表现。这里有一个例子：

“我非常喜欢你在我们落后时提供的帮助。但是，如果你在发现问题的时候愿意主动留下来加班的话就更好了。”

避免使用负面的评论，比如“你从来不……”，“你没有……”。

问题：什么是可测量的标准？

答案：可测量的标准是你用来判断员工是否完成你分配的任务的方法。这些标准可以用具体计算的目标（比如销售量增长20%等）来描述，也可以用希望的行为表现（比如接电话的时候保持友善的态度、执行命令的时候不要抱怨等）来描述。

问题：我应该如何阻止员工在评价过程中和我争吵呢？

答案：用具体的事例来支持你的观点。当员工知道是你正确的时候就不会争吵了。此外，不要让自己受到员工的牵制。坚守要点，拒绝争论，不要让员工成为评估过程的控制者。保证员工理解你对他的总体评价，尤其是涉及提薪问题的时候。

问题：应该有多少比例的员工归入平均水平的范畴？

答案：大多数。你也许有几个杰出的能人和正在突显的新星，然而，大多数员工的工作表现只是比较好，令人满意。你的任务是保证他们维持已有的成果然后进一步改进自己的表现。

问题：我应该如何处理低于平均水平的员工？

答案：首先，不要给他们较高的或者平均水平的提薪。其次，如果他们没有达到你的预期，可以和他们一起努力，帮助他们提升绩效，并提供表明低绩效的证据。如果你不得不解雇该员工，必须按照合乎法律和公司政策的程序来解除雇佣关系。如果你对此不甚了解，可以咨询人力资源部或者法律顾问。

问题：员工为什么必须在评估结果上签字？

答案：员工的签名表示他们已经接受评估的结果（哪怕他们并不认同这个结果）。如果员工指控你没有告知问题的存在，这份签过名的评估报告就可以保护你的合法利益。

第 11 章

问题员工的处理

问题员工的处理是领导必修的一堂课，这或许不是你所喜欢的工作。然而，如果你经历过招聘过程，并且对员工进行了持续的评估，毫无疑问，你已经遇到有问题的员工了。作为卓越的领导者，你必须知道最佳的行动措施。

只要一点点决心和不懈的坚持，你就可以改变几乎所有员工的绩效表现。注意这句话的“几乎”，例外总是存在的。事实上，每个人都渴望在工作中获得成功，并为之努力奋斗。在出现缺陷和问题的时候，如果给他们提供额外的指导和坦诚的交流，他们几乎总是能够克服困难的。无论如何，你应该让员工感到你是帮助和支持他们的，而不是批判他们的。

涉及经理与员工关系的任何情况下，潜在的动机冲突、恐惧感、能力缺陷、沟通风格不相容等问题总是存在的。比如，你的沟通风格非常直接，采取行动也非常迅速；而你的员工在应对你的提问和要求的时候可能需要较长的时间来仔细思考和权衡利弊。这样，你可能会认为该员工反应迟钝、没有能力、固执，甚至你将其纳入“有问题的员工”的范围。

当你和有问题的员工产生分歧的时候，由此产生的影响将波及到公司的所有人员，那些不愿意倾诉苦恼的人受到的影响更大。问题员工将忽视你的信息，如果你们之间的分歧逐步扩散并影响到其他员工的话，继续维持工作效率就会变得非常困难。如果别人将你看成问题员工的“问题来源”，无论他们有没有说出来，你的处境都将非常艰难。

控制情况

不要成为问题和误解的受害者。如果不进行及时的处理，情况就会越来越糟糕，直到每个人都被卷入问题的漩涡。你必须实施控制，换言之，你必须控制住当前的局势。

你可以学习必要的技能，在困境发展成灾难之前采取行动。学着“阅读”别人的心声，你就可以客观地描述行为，然后制定和实施解决方案。你不妨将解决系列问题的过程看成跳舞：到目前为止，你和你的舞伴（有问题的员工）已经成为彼此的障碍。现在，你必须主动出击，期望并引导对方遵循你的方法。占据领导地位之后，你就可以寻找最好的解决方案，尽量将公司受到的损失降到最低。

为了控制局势，你还可以学习结果导向的沟通技术，比如主动的聆听、使用开放性的提问、将措辞和身体语言相结合等。这些技能可以让你说服有问题的员工接受你的目标。

回顾基础

在你坐下来处理手头的问题之前，最好回顾一下可以帮助你获得成功的各种技能。这些技能非常重要，我们已经强调了很多次，现在再强调一次也是值得的。

沟通是你最好的防御武器。请记住，沟通是一个“给”和“拿”的过程，既有信息的发送，也有信息的接收。优秀的沟通者能够获取各种信号，因此，他们采取的是事前的预防措施，而不是事后的弥补措施。沟通的时候，应该站在对方的立场上思考问题。注意观察对方的身体语言、语音语调、陈述和沉默的交替等，探查对方的动机和恐惧。

身体语言揭示的信息

· 手臂在胸前交叉：防御或焦虑。
· 摇摆的手臂：希望离开现场。
· 眨眼：快速的眨眼表示紧张。
· 往下看：感觉挫败。
· 记笔记：表示兴趣和参与。
· 手挡住嘴巴：表示厌倦。
· 手臂放在头的后面，向后倾斜：寻求权力或控制力。
· 没有系好扣子的外套：开放性。
· 扣外套的扣子：感觉被牵制住了，希望离开。
· 手放在背后站着：自信。
· 清嗓子：紧张。
· 摩擦脖子的后面：防御。
· 手平摊在桌面上：准备同意。
· 摸下巴：权衡或思考。
· 跺脚：不耐烦。
· 揉眼睛：预测。
· 歪着头：感兴趣。
· 拉耳朵：犹豫不决。

采用能够获取信息的提问方式

你的目标是获取足够的信息，使自己能够与对方合作，共同解决问题和提高工作效率。此时，回答“是”或“不是”的问题给不了你多少帮助。以“为什么”开头的问题才能引起对方的防御警觉。想想你自己对“为什么”的反应，比如“你为什么迟到”“你为什么那样做”。

以“谁”“什么”“什么时候”“什么地方”“怎样”开头的问题能够鼓励对方参与。“是什么让你那样决定的？”“如果重新做一次，你会如何处理当时的情况？”“在你迟到的时候，还有谁会受到影响？”“你认为自己什么时候可以开始这项新的目标？”自己想问题和修改问题的技术是需要反复练习的。我们习以为常的是指责和假设信息，而不是积累信息。

以听为主，不要替别人解决问题

我们的好心常常驱使我们给别人提供解决问题的方案，而事实上他们并不需要任何建议，他们只希望有人听他们的倾诉。

如果你习惯于直接沟通和发布命令的话，诸如“那对你来说肯定不好受”“听你的语气好像很生气”“你看起来有些沮丧”的评论似乎略显微弱，甚至毫无影响力。然而，这样的聆听是有价值的。当人们觉得你确实在听他们说话时，他们就会信任你，就会给你更多的信息。这是你获取控制力的必要因素。

用“我”的语言技术做出回复

从本质来说，你应该为自己的感受负责。你不是——我重复一次“不是”——在指责员工的行为，而是表明他的行为能够影响你的感受。首先，针对可观察的真实行为进行评价；然后，让员工跟你合作，共同寻找解决方案。

使说话内容和肢体语言相匹配

如果你是诚实的，你的身体语言会让你更可信。如果你很生气却故意隐藏愤怒，你的语音语调可能会泄露你的真实感受。保持坦诚，迅速检查你的身体语言，确保你说的话和肢体语言相匹配。否则，你就很难得到对方的重视。

尽可能多地了解自己

了解你的“热键”（容易触发愤怒的因素）：你容忍差异行为的极限是什么？看看自己的激励因素，再看看这些因素和员工的激励因素的差异。比如，出色的工作得到认可或许是你的激励因素，社会性的回报或许是激励员工努力工作的重要因素。记住，各种类型都有。你是哪种类型呢？驱使者？影响者？迎合者？完美主义者？注意不同类型之间的差异，利用这些差异，在你和员工之间建立更灵活的工作关系。

镇定

镇定不是被动也不是攻击，镇定是直接而恰当的沟通。你知道自己需要思考哪些内容才能判断自己的需求。当你坦诚面对自己的言行举止时，你不是在试图表现得过分友善和保护自己（被动），就是在否认内心的愤怒，直到某天、某个时刻的全面爆发（攻击）。镇定可以让你坚守自己的立场而不去打压他人。这将为大家创造双赢的工作环境。

不要试图解决太难处理的问题

你可以求助比你有更多专业技术的人员，不要觉得你必须解决所有的员工问题。你可能是出色的销售经理，却不一定是高超的治疗师；你是管理者，不是心理学专家。不要强迫自己完成能力范围之外的工作。如果你仔细听了、问了表示关心的问题，让员工参与了解决问题的过程，却仍然得不到解决办法，那就寻求支持和帮助吧。人力资源部、公司的员工援助计划，或者你的上司，都是很好的选择。

学着接受你无法改变他人的事实。你只能改变自己的行为，希望你可以起到示范的作用，促使别人效仿你的行为。给自己一些帮助，认识到人们做的都是自己想做的事情，跟你的美好祝愿和意图无关。通过转变他们的消极行为来保护自己。我们常常会出于自我保护而提出错误的假设。这需要非常自信的人进行深入研究，通过建设性的提问来获取充分的信息，以此寻找双方都满意的结果。

灵活

如果你承认所有人都是与众不同的，就很容易看到我们都戴着不同的眼镜在欣赏世界。

我们的年龄不同，性别不同。我们的成长环境、教育背景、价值观、文化观念等决定了我们的一言一行。就算你不认同别人的言行方式，也应该学着接受差异。这样，你的生活压力将大大减少。

解雇有问题的员工

没有人喜欢解雇员工。可是，将无法完成本职工作或者打击他人激情的员工驱逐出去，可以大大提高公司的业绩表现。通常的倾向是推迟解雇员工的决策，因为这不是一件容易的事情。然而，拖延只会使所有相关人员遭受更大的损害。

在和员工面对面相处的所有情况中，被解雇员工的反应是最难预测的。有些人可能会感谢你，有些人可能会立刻拳脚相向。

解雇员工之前，你必须做好充分的准备。你必须准备好完全卷入困难的情况中。解雇的方法对员工的自我感觉、你自己以及你的公司都会造成巨大的影响，还会导致你被起诉的可能性。此外，操作不当的解雇将对整个组织的士气造成严重的负面影响。

拖延

让员工提高绩效表现的时间没有定论。应该考虑到员工在公司的服务年限。忠诚度确实有作用。对工作数年的员工，不妨给他们几个月的时间来改进绩效。

记住，解雇工作年限较长的老员工对公司士气的影响远远超过解雇入职不久的新员工所带来的影响。然而，如果你和老员工合作，帮助他们改进工作成果，让他们从工作中获益，那么，这就相当于在公司中建立和传达了亲切感。

另一方面，如果员工在90天的临时雇佣期内表现出糟糕的工作习惯、无法令人满意的技能水平以及各种各样的态度问题，就应该毫不犹豫地解雇该员工。不过要注意，法院是不承认“临时”雇佣期的。

最后的求助

正如阐述有问题的员工那部分所讨论的，关心员工、跟他们合作可以克服很多绩效表现的缺陷。总而言之，员工的工作成果可以通过关怀得到提升。

如果这些“温柔”的方法都不起作用，就必须转向严厉的口头警告，迫使员工提高工作质量和绩效表现，并提供促进其提高的具体建议。如果这也不行，就采取书面警告。有些人就是要有强硬措施才会改进自己的工作表现。

当然，在你和员工合作、帮助他提高绩效表现的过程中，必然要承担员工离职的风险。发出书面警告之后，这种风险就会增加。如果员工提交辞职信，就没有问题。与解雇相比，员工的主动辞职比较容易处理。

低调处理

进行完所有的前期步骤、考虑过所有的潜在后果（法律后果以及其他的后果），并且做出解雇员工的艰难决定之后，就应该按照计划行事。不要折磨自己，也不要无故拖延。

只有被解雇员工的直接上司和违规行为的目击证人才可以出席解雇会议，并且应该提前获悉解雇事宜。解雇消息的提前泄露只会使情况更糟糕。

在过去，周五下班之前被认为是解雇员工的最佳时间。现在，周五早些时候，甚至工作周的早些时候都被认为是合适的解雇时间。采用这种方法的部分公司还让员工选择留到工作日结束还是立刻离开，无论怎样，员工都可以获得当天的工资。

做好解雇准备之后，让该员工到你的办公室来，告诉他你有事情和他商量。等员工、人事部经理和目击证人到齐之后，立刻切入主题。简短地告诉员工，他被解雇了。总结解雇的主要原因，包括已发出的警告和改进绩效的机会。如果你提供解雇费，就将解雇费详细地解释给员工听，让他当场签署相关的文件。让员工选择立刻清理自己的办公桌还是稍后由公司将物品邮寄给他。如果员工选择邮寄，请两名工作人员监督整个清理过程，确保所有物品都寄出。

可以适当表示同情，可是不要移情。不要摇摆不定，更不要改变主意。不要夸大员工的任何行为。

回答员工可能提出的任何问题，即使他打断你的回答，也应该保持耐心。解雇是高度情绪化的事情，员工往往听不进任何关于自己的信息。你必须重复全部或者部分的解雇信息。

如果员工没有失去控制，就应该考虑到礼貌问题，允许他和同事说再见。如果员工已经失去控制，而且怒骂不止，就要求他立刻离开公司。不要难过。记住，无论你对该员工的看法如何，他已经被解雇了。离开公司的是他，而不是你。

终止雇佣

按照法律的规定，你必须立刻将没有兑现的假期和私人时间、所有正常工作和加班的报酬、尚未支付的奖金和其他收入支付给被解雇的员工。

无论被解雇的员工在公司工作的时间有多长，你都应该支付解雇费。这是非常得体的做法，可以让员工对你保持希望，也可以使你在困境中的表现看起来好些。此外，解雇费还可以降低你被起诉的风险。

很多公司支付相当于两周工资的解雇费。有些公司在支付两周工资之后，还按照工作一年加付一周的规定，支付额外的服务年限费。还有些公司更慷慨，尤其是对高级职员，支付相当于半年甚至一年工资的解雇费也不少见。他们认为，高级员工寻找水平相当的新职位比初级员工困难得多。

虽然支付巨额的解雇费很友善，但如果你经营的是小公司，就不得不考虑持续经营和给剩余的员工支付工资的问题。无论你决定如何支付解雇费，职位和工作年限相近的员工应该获得差不多的解雇费。不断变更公司的解雇费政策只会增加你的法律风险。

在员工愿意放弃对你提起不正当解雇的起诉权利并签署相关文件之后，你才可以支付解雇费。不要陷入潜在的危险中。请律师草拟关于解雇的所有文件，尽可能做到无懈可击。你应该给员工24小时的时间，让他检查和签字，然后交还给你；否则，员工提出起诉的时候，你在法庭上是理亏的。如果被解雇的员工有40岁或者40岁以上，你必须按照法律的规定，给他21天的时间来检查和签署相关文件。

第12章

凝聚力——如何留住员工

如何提升凝聚力以留住员工是领导必修的重要技能之一。或许你已经建立起效率非常高、表现非常好的团队，然而，除非你能使团队成员感到开心，否则，你的团队很快就会土崩瓦解。

经济繁荣的时候，保留员工将越来越困难。人们总觉得别的公司有更多更好的东西在等待自己。现在，雇员和雇主之间的忠诚度不断降低。员工的离职不仅浪费金钱，还浪费彼此的时间和精力。因此，良好的员工保留系统比节约成本更重要。留住员工才能为公司留住宝贵的知识库。为了遏制恶性循环的不断发展，尽可能在到达无可挽回的阶段之前对员工进行保留和认可。

环境意味着一切

你在哪种类型的环境中工作？如果要判断公司的环境类型，请回答以下问题：

- 组织内部的感觉如何？
- 人们的工作激情是不是很高昂？
- 人们是不是渴望解决新问题？

· 在不存在直接关系的情况下，人们是不是愿意彼此帮助解决问题？

· 人们希望和组织中的其他人员合作吗？

· 人们可以自由提问吗？

· 人们是不是愿意承担犯错误的风险？

· 人们能不能保持家庭生活的平衡，同时全身心地投入工作？

· 你将如何描述公司员工的士气？

在思考这些问题的时候，你就应该对目前的环境有所了解。这种环境对保留你苦心招募的员工有着至关重要的影响。

给员工提供支持、尊重和认可的环境有助于营造积极的工作氛围。能够为处在困境中的员工和经理提供支持和帮助的组织，可以促使共享和协作的工作环境的形成。鼓励员工平衡家庭生活和工作的公司能够建立这样的氛围：公司有需要的时候，所有人都愿意付出。因为他们知道，自己有需要的时候，公司也会伸出援手。

工作可以是愉快的

营造愉快的工作氛围不仅仅是悬挂派对彩球和供应生日蛋糕！现在的员工最希望自己受到尊重，觉得自己有价值，并且保持信息的及时获得。他们希望得到公平而一致的待遇，他们渴望挑战，希望自己的意见受到关注。当然，小小的娱乐时间（尤其是庆祝活动）将帮助公司踏上成功之路。

总的来说，他们希望知道自己在特定的环境中应该完成哪些成果。在任何组织中，如果所有员工都知道自己在权力和责任范围内应该达成的确切目标，就可以建立起舒适和充满信任的氛围。如果想在工作中获得一定程度的快乐，就应该为员工和公司设定基本的预期要求。

建立公平协调的工作环境：保证你管理的所有员工受到公平的待遇。管理者应该负责让员工知道自己每时每刻所处的位置，以及公司整体态势的发展情况。每个员工必须知道和确信自己和公司的其他成员是平等的。即使对某个团队、某个员工或者某种情况最轻微的偏爱和歧视，都可能使公司遭遇士气的低落和法律纠纷。

你知道歧视是违法的，但是，有些小事会使员工感觉自己被歧视了，而你却没有察觉到。对此，你必须多加注意。

事例：允许某个员工在不提供任何合理解释的情况下提早下班，当第二个员工也要求提早下班的时候，你进行了一系列的盘问。这就是歧视。对你来说或许算不了什么，可是在第二个员工看来，第一个员工享受的就是特殊待遇。你面临的挑战是保证所有人相信你处理任何问题都是公平和一致的。政策和程序的建立可以帮助公司尽量减少此类问题的发生。

提供挑战：任何时候，尽可能降低工作的重复性，增添工作的变化。保证为员工提供有机会处理新问题和执行新方案的工作责任。

为不同职位设计工作描述的时候，记得加入可以引导员工学习其他职位技能的描述。

人们渴望学习和挑战，也希望知道自己应该达成怎样的目标。记住，不要让你所设置的挑战成为他们“意料之外”的事情。将挑战纳入他们愿意为之努力、你也愿意为之支付报酬的工作范畴。当他们增长见识和学习新技能的时候，不要忘了称赞和积极的反馈。

通过这些基本原则的运用，你将发现组织现有的员工完全可以胜任关键职位，你可以省下大量的招聘费用，也可以保留公司的知识库。要保证挑战是积极的，这样，结果才会是积极的！

关心员工：听取每个员工的想法。当员工知道你重视他们的时候，就更有可能做出积极的贡献。这些贡献可以简单到良好的工作习惯，也可以复杂到新产品和新服务的开发。

花时间聆听员工的想法是管理者可以掌握的最重要的优势。员工对组织面临的大多数挑战都有应对方法。你有过多少次决策没有达成预期成效的经历？然后，你发现某个部门成员提供的建议反而行之有效。这种情况在组织中频频发生，因为处在领导位置的人往往选择不听取真正了解情况的人的建议。

定期通告成功和失败：直接而坦诚地向每个员工通告成功和失败的事情。积极的沟通方式将使员工认识到自己有可以将消极事件转变成积极事件的机会，并且让员工从这种认识中获益。

在现实中，员工是自然人，他们希望知道真相。如果你处事公平一致，如果你已经为员工提供合理的挑战，如果你非常仔细地聆听，那么，这一步就很容易了。如果你已经建立起积极的工作环境，如果你已经获取信任，你就可以游刃有余地应对员工了。你会被认为是尊重同事、清晰定义和关注员工需求、保持公正和理智的楷模。

如果做到这些，员工就会积极、直接、清楚地将自己的成功和失败告诉你。成功的时候，他们希望得到你的赞同和认可；失败的时候，他们需要你的支持和建议。注意坦诚和直接，最重要的是做你自己！

创造性

允许员工犯错误的公司常常鼓励员工尝试新想法，鼓励他们拓展思维和打破束缚，这些都能带来高度的个人满足感。

领导力

工作者（大部分成年人都属于工作者的范畴）的一生中，有1万多天是在办公室度过的。这可是生命的很大部分，难道我们不应该尽情享受这段时间吗?

为了喜欢自己的工作和工作氛围，我们必须拥有支持性的安全环境。商务背景中的快乐意味着独处以及和别人的相处都非常舒服，即使在工作和完成任务或者和自己尊敬的人合作时，也应该有这样的感觉。

如果人们觉得环境里添加的任何新事物都是潜在的威胁，那么，他的热情和创造力就会锐减。同样，长期暴露在嘈杂混乱的环境中的员工也会感到威胁和不安全。

为员工提供支持性的安全环境的公司拥有较高的创造力和生产效率，这里的工作也更有趣味。

以下这些建议可以让你以正确的方式对员工和自己进行思考。

·组织公司的乒乓球联赛。

·让公司全体人员为地方慈善组织工作一天。

·改变菜谱，作为每个月“午餐奖励”活动的一个部分。

·为全体员工准备你最喜欢的食物，给他们一个惊喜。

·启动“惊人星期五”计划，要求每个部门负责一次活动，以此展示员工的风采。

·在部门之间举行以沟通为基础的竞赛。

·午休时间，在餐厅播放动画片或者经典老片，让员工重温童年时代的感受。

·准备一个存放玩具的箱子，当你感到办公室气氛过于紧张的时候，可以从中获取慰藉。

·在周围准备一些尼尔夫泡沫球或者别的东西，让员工有机会发泄情绪。

· 每年安排几天可以带孩子上班的日子。

公司建立支持性的安全环境有很多方法。通常来说，公司应该采取措施，让员工感到舒服、愉快，并且和公司有着紧密的联系。这种措施能够让员工在舒适和愉悦的氛围中团结起来，以此增添总体的亲和度。

公司野营：这是拓展环境和增添乐趣的好方法。每周在当地餐馆享受简单的聚餐活动有利于建立这样的感觉：我们可以在完成工作的同时获得快乐。一年或者半年举行一次的家庭野营，应该允许员工携带家属一起参加。家庭成员之间的互动有助于建立工作和生活的紧密联系，从而提高员工的工作效率以及对努力工作的热情。

此外，家庭野营能够让员工看到经理、上司以及其他管理人员作为普通人的侧面：他们也有家庭。当员工和公司高层在野餐桌上一起享用食物的时候，平等的意识就油然而生。

庆祝非常重要：利用每一次机会庆祝组织的关键时刻。你希望这些庆祝活动妙趣横生，以达到真正的商务意图。如果是庆祝生日和周年纪念日之类，或许对工作效率没有多少影响。如果是庆祝项目的完成、销售目标的达成、新技能的掌握、培训课程的圆满结束、季度的利润报告等衡量经营业绩的事情，你就能营造将快乐和商业成功对等起来的工作氛围。

庆祝这些类型的成功，如发布销售目标、建立新的客户关系、成功完成项目，或者结束了特别繁忙的工作日之后，你应该召集所有员工，一起庆祝这个特殊的时刻。

准备一些点心，就算每个人都精疲力竭，也应该利用这些机会建立士气高昂的氛围。你希望每个人都可以告诉家人自己工作有多么努力，完成工作是多么快乐，获得认可和庆祝任务的完成是多么有趣。

保持趣味：如果你的工作环境没有吸引力，就尽量增添一些趣味吧。从地方图书馆借一些艺术作品，在办公室里创建时时更新的艺术展览区。让工作环境更贴合文化和社会活动的特征，使工作更有情趣。

总而言之，你希望员工将工作和快乐联系起来，并将这种观点融入到他们的思维和行为中。你希望每个人都说："哇，今天真棒！我这么努力，这么多事情都完成了。太棒了！我今天真高兴！"快乐和休息有助于振奋员工的精神，激发他们的创造力。

定义文化

公司文化定义可以帮助员工在组织中获得支持。对文化敏感度进行的日常训练是促使公司获得成功的驱动力。哈雷—戴维森公司是凭借文化获得生存和发展的生动案例。

这家摩托车制造厂的文化被定义成五项正式的价值观。这些价值观在招聘、雇用、引导、晋升、嘉奖等过程中被传达给每一个员工，而且每天都被用做公司生活的必要部分。

这些价值观是：

· 说实话。

· 公平。

· 信守承诺。

· 尊重个人。

· 鼓励理性的好奇心。

听起来就像妈妈给你制定的行为规范。这些规则所显示的公司特征是非常明确的。哈雷—戴维森公司非常重视来自犹太教和基督教中代表西方文化遗产的基本人性价值。

哈雷–戴维森公司识别出组织关注的事务，进一步支持这些基本的价值观。识别关键事务的声明可以提醒所有员工记住这些关注重点。公司始终关注的事务包括：

· 质量。

· 参与性。

· 生产效率。

· 灵活度。

· 现金流。

再看看这两张清单，和亘古不变的黄金规则“你希望别人怎样对你，就怎样对别人”多么相似。这看起来有些俗套，然而，时至今日，这些规则还非常有用，而且是公司获得成功的宝贵工具。

你听说过要求员工将公司标志纹在自己身上的公司吗？哈雷–戴维森公司有没有别的公司应该学习的秘密呢？

员工认可的作用

长期以来的研究表明，员工有着非常特殊的需求，这其实是人类的共性。大多数时候，管理者和企业主认为员工唯一的需求是更多的金钱。其实，这和真实情况相差甚远。

时间的验证和理论研究总结出相同的论断：人们最关心的是自己的工作成果得到认可，其次是知道自己是“大局”的组成部分，可以参与总体的经营过程。

人们希望自己对组织的贡献受到重视、尊重和认可，这已经是底线了。人们渴望自己的努力得到认可并为之自豪。作为公司的领导者，你必须仔细考虑为达成这种认可而实施的战略。

事实上，人们对金钱的关注没有我们认为的那样迫切。在人们认为最重要的十样东西的列表中，金钱恰好处于中间位置。人们最需要的是认可、参与以及雇主对福利的热忱关注。在过去，大多数管理者和企业主认为员工根本不在乎职责之外发生了什么事情。显而易见，我们需要学习的东西还很多。

看看最能激励员工的3种因素：

· 对已完成工作的赞赏。

· 感觉他们“参与其中”。

· 帮助他们解决个人问题。

仔细观察之后，你将发现在没有任何预算的情况下，你也可以凭借自己的才能来满足员工的所有需求。说“谢谢你这么出色地完成工作”不需要任何成本；告诉员工某天将大量生产新产品也不用花费一分钱；问问员工家人的健康状况，问问他们的私人问题有没有解决也不会让你有任何破费。

事实上，员工最需要的东西往往是公司最容易提供的东西。但是，公司在满足这些需求的时候，必须保持诚恳和持续的关注。你没有必要在每年的特定日子敲锣打鼓地认可员工的贡献，也没有必要发送奇异的奖品。

创建积极的员工认可战略需要持续的关注，始终将员工看成自然人和公司的利益相关者。这必须是真实的，必须是组织日常文化的组成部分。

一年一度的嘉奖仪式只有在作为表示对全体员工的认可的情况下才是有意义的，也才会产生影响和发挥作用。

当员工知道自己受到重视的时候，将会以更大的热情和精力投入工作。当员工觉得自己被认可的时候，他们的工作效率和创造力都将得到提升，对公司的贡献也更大。当员工感受到来自经理的认可和尊重的时候，他们将接受新的挑战，并将问题转换成机遇。

员工认可计划可以成为你希望成为的任何样子。计划应该反映你的个人风格。如果你认为体育运动和户外活动非常重要，也很有价值，就围绕这类主题开展员工认可计划吧。

这些建议是你可以运用的计划：

· 创造一种方式，让员工可以认可经常帮助自己的其他员工。本来这些帮助往往被忽略。通过这种方式，乐于助人的员工就可以得到认可。

· 创造一种计划，使充分合作和达成指定目标的团队得到认可。保证指导原则的可测量性以及与公司目标的相关性。

· 重新使用和维持“每月员工”计划。以前，大多数公司都实施过这种计划。关键是保证计划的持续进行和奖励的意义。如何认可员工的贡献呢？他们从中认识到了什么？所有的“每月员工”会在特定的时候聚在一起吗？

· 创建“每月员工”关注团队，要求这些员工协助公司解决问题，促进创造性的战略增长。

· 定期给每个员工特殊的奖励，“出色工作奖”——让他们感到惊喜。很快，员工就会开始做这些你所希望的事情，希望获得令人垂涎的奖励。这是快速发展公司文化的好方法。

· 与其执行追踪式监督绩效表现的程序，不如采取绩效发展策略，让管理者有机会称赞个人职业发展有突破性进展的员工。这样，员工就不会担心人事资料的问题，反而愿意将积极的发展写进档案。

· 不要忘了5年、10年、15年资深奖以及相关的纪念品和庆祝活动。成功的关键依然是持续的实施，尤其是经营状况不好和现金流比较紧张的时候，更不能中断。危机时期不是省略这些活动的时候，恰恰在经营低迷的时候，员工最需要安全感。

第 13 章

打造适合自己的领导风格

当人们不满现状、试图改变的时候，领导力将得以突显。领导者有着丰富的创造力和敏捷的思维模式。人们常常凭借智慧和“组织常识”荣升领导职位。领导者能够描绘未来的愿景，激励员工为之奋斗。领导者能够创造学习氛围浓厚的工作环境，促进组织的自我更新。

领导者关注自己的行为，他们坚守法律、人性和经济的规则，这些都是激励领导者的驱动力。领导者非常灵活，他们接受现状提供的所有资源，利用这些资源进行管理。他们不拘泥传统，他们临危不惧，他们能够在困境中为下属、员工、顾客、供应商、同事提供坚实的依靠。

领导者的性格特征

以下是优秀领导者常见的共有特征：

优秀的领导者坚守自己的立场

英国诗人罗伯特·伯朗宁曾经说过：“人们获取的潜力应该超过已经掌握的范畴，否则，天堂有何意义？”站出来，坚持自己的立场。人们喜欢理性、坚定、创新、勇敢的人。

优秀的领导者建立和培养能干的追随者

值得效仿的领导者的特征之一是周围聚集着聪慧、执行力强、专注、热情洋溢的追随者。许多雄心勃勃的领导者都犯了逃避和忽视追随者的错误。这种行为的根源是下属可能使上司失色的错误认识。然而事实上，显示对追随者能力的信任，为他们提供具有挑战性的任务，亲自关心他们的发展，这样，领导者反而能够赢得尊重和忠诚，能够激发员工更好地表现。除此以外，领导者也可以更轻松地授权，使自己有时间和精力投入到战略层面的工作中。

优秀的领导者经常沟通

如果希望人们服从你的领导，就必须让他们知道你是谁，你代表谁，你能够做什么，你的愿景是怎样的。要做到这些，你就必须告诉他们。你可以在会议或文件中传达你的想法；积极参加正式和非正式的处理公司相关问题的集体活动；和同事保持经常性的会面；将你的工作安排、理想、价值取向等告诉周围的人；让他们知道你的才干，利用一切机会展示和发挥你的技能；培养工作领域以外的人际关系。这样，有任务需要完成的时候，你就能成为考虑的对象。

优秀的领导者充分发挥自己的优势

这同时也意味着你应该知道自己的薄弱环节，然后努力弥补和改进。作为领导者，你所做的事情必须使别人愿意围绕在你身边，你的表现必须显示出你是一个能干而自信的人。比如，如果你不擅长在公众场合发表激情澎湃的演讲，那你就不妨做些背景调查，写好报告或演讲稿，或者在会议中简单介绍话题之后请别人代为演讲。另一方面，你也应该投入到提高技能和才干的活动中，充分运用同事、导师和下属的经验，以此弥补和提高自己的相关经验；和他人合作，效仿对方的行为，或者让对方评价你的表现；参加公司内部或者地方大学的培训课程。

优秀的领导者知道领导力无处不在（不仅仅在高层）

有些雄心勃勃的领导者因为没有“掌权”而在失望中挣扎。他们认为没有担任指定的领导职位就没有机会发挥领导才能（或者他们在同伴中找不到可以效仿的领导者楷模）。想想以你在组织结构的位置，你对变化有多少影响，所谓的领导者对公司未来的构想有多少影响。认识到某些情况下的影响力，你就能发现更重大、更有战略意义的影响力。寻找发挥领导才能的机会，主动承担艰巨的任务；想办法解决经理尚未意识到的问题，然后告诉他你的发现。

优秀的领导者相信自己

积极的自我形象可以帮助你建立起能够激励别人的自信心。你是自然人，你的领导风格应该是本性的自然延伸。如果不是，你的领导风格就是不合适的，你的生活将脱离别人对你的认识，你的言行举止将违背你的价值观。

在成长和变革时期，大多数领导者都会努力提升技能和才干。模范领导者不可能假想一种面具来掩饰性格中的关键因素。培养领导力的时候也应该贴近自然，因为在压力环境下，无意识的行动或者伪装的性格将揭露你深藏不露的本质，你的下属和同事也必须知道你是怎样的人。

优秀的领导者理解“游戏”的真谛

他们深谙政治，知道如何有效而适当地利用政策和政治系统。无论你的专业水平有多高，你的自信心有多强，你的成就有多么丰硕，如果你缺乏基本的政治敏感度，你的领导才能永远都是不成熟的。因此，领导者大部分的工作就是协商组织的政治环境。雄心勃勃的领导者最需要做的准备之一就是深入了解组织的权力人物和政治玩家，了解他们的背景资料以及相互之间的派系。如果你能够多观察这些人或者和这些人一起工作，就能够学到很多。

优秀的领导者不是隐形人

让别人知道你做过什么和能够做什么并不是自夸，也没有什么不合适。当你取得重大成果或者获得认可的时候，记得向公司汇报这些信息。和大家共享问候和赞赏的备忘录，如果条件允许，尽量让上司和导师看到问候语和赞赏信。积极参加有机会突显自己的活动，做好展现风采的准备。不要做太多，一旦开始做，就应该全力以赴，做到尽善尽美。

优秀的领导者不露锋芒

始终保持正直。在这个世界上，没有什么比你的语言更重要。因此，一定要注意自己说的话。

仔细评价现状，将你的立场解释清楚。如果领导者不可靠，追随者就不会产生敬意，也不愿意承担风险。当然，这并不意味着你不可以改变想法。你应该认真分析这些变化，并告诉周围的人。这样，他们就不会感到意外，也可以更好地理解你的决策，忠实于你的价值观和信仰。诚实必须是你的品质。

优秀的领导者应该对下属和同事富有兴趣、关怀和热情

如果要获得别人的服从，就必须让他们相信你是关心他们的。你必须重视他们，不仅要重视他们对你和组织的贡献，还要重视他们的个人价值。知道他们是谁，有哪些优势和发展需求，为他们设计培训课程，让他们有机会相互认可。除此以外，还应该熟悉他们的个人兴趣和职业爱好。换言之，永远都要记住，和你一起工作以及为你工作的人都有组织以外的个性和生活。了解他们，优待他们，理解他们的需求和价值观，这些都能提升你的领导才能。

优秀的领导者能够从错误中学习

每个人都会犯错误，不要为此痛苦不堪，而应该想办法阻止同类错误的再次发生。如果你值班的时候发生问题，应尽快听取建议，进行适当的调整。归属责任的重要性远远不及恢复战略的构建。领导者应该关注未来，而不是悔恨过去。

优秀的领导者能够保证每个人及时获取信息

让他人确认你所传达的信息。举行集体会议的时候，问问别人，他们认为公司战略的关键是什么。在单独面谈或问卷调查的时候，可以问问：“你认为公司有清晰的发展方向吗？”或者：“你认为公司在将来有光辉的发展前景吗？”如果对方没有完全理解你的信息，不妨再说一次。

优秀的领导者将领导才能延伸到组织的每一个领域

在全体员工会议或者别的大型会议上，你可以充分展示自己的领导才能。然而，你和你的经理也应该举行不同领域的小规模会议。人们都希望自己的部门在组织中扮演明确而重要的角色。

怎样成为有效的公众演讲者

你希望别人理解你的意思，又不会感到无聊。首先，决定你的演讲目的，是通知、说服、培训，还是奖励、认可？决定演讲目的之后，仔细想想你的听众。根据听众的特点调整演讲方式。你必须知道他们是谁，为什么在这里，希望从演讲中获取什么。或许你不是永远都清楚这些信息，但是，你应该在演讲之前收集尽可能多的背景资料。当然，如果听众就是你的员工，你就已经掌握这些重要信息了。

以下这些更详细的步骤将对你有所帮助：

·决定你的话题和重点。

·收集你需要的所有资料，组织调查。可以采用你认为的最简单的方法：按照时间顺序、正反面论证等。

·识别问题，分析问题，提供合适的解决方案。

·熟悉你的资料。仔细检查，对可能出现的提问做好充分准备。

·给自己充分的时间做准备。大多数情况下，宁可预留额外的时间，也不要在最后争分夺秒。

·描述资料的概况。

演讲的技巧

很多专家都会对演讲提供相同的建议：告诉听众你将要演讲的内容，以此作为开始；运用你收集的所有信息；告诉听众你已经演讲的内容，以此作为结束。你或许觉得像是用信息在轰炸他们的脑袋，而事实上你仅仅是在阐述信息。

另一项专家建议是传递非语言的信息。最简单的方法似乎是利用肢体语言强调自己的论述。演讲过程中手臂和双手的移动对演讲能否成功有着重要影响。想想你是怎样利用合适的姿势来支持自己的思想和观点的。如果你的移动幅度过大，就应该将双手放在背后。如果很难做到，也可以在面部表情和语音语调等方面花点儿心思。

另一个不错的建议是幽默感。这并不意味着说笑话。穿插一些有趣、古怪、滑稽、愉快的内容，和听众建立联系，让自己和对方都放松下来，以此来强调你所要传达的信息。开始的小幽默可以迅速缓和现场的气氛。穿插在演讲过程中的幽默可以保持听众的警觉。运用幽默来关注重点能够起到强调的作用。

你可以从生活中收集有趣的故事，也可以搜索报纸和杂志等资源；收集名人名言，很多书籍和网站有丰富的此类资源；寻找能够解释你所传达的信息的警句名言。

另一个关键点是口齿要清楚。如果你说话吞吞吐吐、含糊不清，听众要理解你的意思就非常困难。很快，他们就会失去兴趣。推测别人的说话内容是最痛苦的事情。模糊的解释会降低你的可信度和权威性。另一方面，夸张的清晰吐字也会使听众觉得自己处于弱势，没有主动性。因此，你必须避免走入两个极端。

最后，鼓励听众参与。以下是让听众参与的几个要点：

· 在人们久坐之后，帮助他们消耗积存的部分能量。

· 让听众保持清醒，尤其是饭后演讲或者演讲厅温度偏高的情况下。

· 帮助听众掌握你训练他们的某项技能。

· 让听众获取实践经验。

· 通过活动来强调关键点。

· 回答提问。

最重要的是做你自己。

第14章

学会自律

领导风格当然是自信的流露，然而，你也需要自律的约束。这一章将教会你如何充分利用自己的时间和精力，如何为自己和别人制定战略。

在早期，我们通过父母逐步认识了自律这个概念。这种认识的基础是对正确和错误的判断，以及认识到我们不是什么都知道，还有很多东西需要学习。随着年龄的增长，自律经常被运用在坚持某种饮食结构和工作计划、按时完成家庭作业等方面。在相对复杂的商务领域，自律的界定就更困难了。

自律包括自我激励

如果你发现所有的琐事都已经授权给别人，自己有一些自由的时间，你会做什么呢？如果你的回答是：（a）早点儿下班，去高尔夫球场打18洞，（b）去修甲，（c）和朋友去所有人都在谈论的新潮餐馆共进午餐，促膝长谈。那么，你的自律水平就有待提高了。当然，偶尔奖励自己出色的工作表现是正常的，也是必要的。可是，当别人都在办公室辛勤工作的时候，你应该用更有价值的休闲活动来填补自己的自由时间。

利用手头的空余时间，实践一下自己宣扬的理念。换言之，使用一些激励员工的类似方法来激励自己。

· 设定每天、每周、每月自己希望达到的目标。或许你可以预见将来，可以为部门或公司设计未来的蓝图。给自己设定具体的指导原则，就能更好地保持充实和激情。

举例：你希望为公司的产品设计宣传广告，这些产品在过去被宣传得不多。

第一周：和市场部及销售部的人会面，获取广告思想和促销建议。

第二周：和室内设计师会面，将理念转换成具体形象。

第三周：和杂志及商贸刊物的代表协商，讨论广告的定价和成本。

第四周：考虑将产品广告与互联网结合起来。

第五周：写建议书，给公司的关键人员过目。

· 有时候，你也会感到不堪重负，觉得别人过于苛求，或者认为自己没有获得应有的赏识。遇到这些情况时不妨想想自己过去的成就，想想自己激情万丈的时候，是什么驱使你不断奋斗的，你的内部驱动力是什么。将工作分解成若干容易处理的小任务，然后将不需要你亲自关注的任务授权给员工。

接下来，仔细想想别人对你以及你的工作的批评意见，批评中有没有真实的内容。勇敢地面对和承认这些批评，向他们征询建议，使自己的工作更有效。运用你的优势，不断前进，找出自己的薄弱环节，尽力改进。想想未来的发展。给自己放一天假，做些自己喜欢做的事情。或许你工作过度，恰好需要休息的时间。重要的是要记住，保持自己的激情，这样，才能够激励周围的人。

自我激励的更多提示

· 避免不惜一切代价的拖延。

· 先做最烦人和最艰难的工作，然后做相对容易和快乐的工作。

· 一次完成一项工作。

· 如果你觉得非常难受，不妨休息片刻，喝一杯水，或者在办公室和大厅之间快速走一个来回。

· 无论达成的目标大小如何，给自己一些奖励。

· 建立一项规则，使自己最大限度地提高效率。坚守这项规则。

· 给自己设定切合实际的目标，这样，你就不会太沮丧，也不会负担过重。

· 不要追求完美。完美主义是很多人失败的根源。勇敢接受错误和失败。

远程办公、独立自主的时代

在这里，自律变得更重要，也更困难。当你和团队成员密切合作的时候，关注手头的工作和朝目标奋进都相对容易。毕竟，他们依靠你的帮助才能完成工作。

在互相协作的工作环境中，人们的责任感相对强烈，其他成员可以作为你的激励因素，帮助你保持自律。

然而，到了一定的阶段（尤其是担任领导和经理的时候），团队导向性将越来越淡薄，你的工作将越来越独立。此时，自律的难度将不断上升。

不要认为自己需要很多人跟在身后。优秀的领导者应该有开拓未来、研究难题和采取果敢行动的勇气、远见和精力。

你是自己的老板

虽然你在家里工作，仍然需要建立成果意识。当然，没有第二个人支持和评价你的工作，你必须将成果意识内在化。完成重要的工作之后，你应该产生成就感。

建立你认为可以涵盖成果和目标的价值标准。然后努力工作，直到问题和任务得到解决。认可自己的辛勤工作，按照标准给自己奖励。

考虑自己的性格以及对同伴的需求。有些人只需要和外界偶尔接触，有些人则独处一两个小时就忍受不了。如果你是后者，不妨安排和外部供应商的会面，或者雇用兼职人员，处理必要的文书工作。

考虑自我雇佣是不是自己的正确选择时，不妨看看经营家庭办公室的好处和坏处。这些要点可以帮助你提高自律。

好处

· 你可以决定业务的流程和目标。

· 你可以在工作中充分发挥自己的特殊技能和才干。

· 你可以看到辛劳工作的直接成果，而不是等待经过层层过滤的评估结果。

· 如果经营成功，你获取的金钱回报将超过为别人工作时赚取的工资。

· 你只需适应自己，不用适应别人。

坏处

· 工作时间比你想象的更长，工作负担也比你想象的更重。

· 如果经营失败，将出现灾难性的财务问题。

·你必须花费大量的时间来研究经营的每一个细节。

·你必须牺牲大量的私人利益，工作将成为你全部生活的中心。

·和大公司的工作相比，你将失去某些方面的安全感，比如休假和福利等。

·面对繁重的业务压力，家人必须给你支持。

这些建议将帮助你走上自律的正轨。在家里工作的时候，很容易受到各种牵制。因此，保持简单的工作体系，集中精力处理业务。消除日常生活中的干扰因素，比如孩子、邻居、朋友等。告诉朋友和家人，你必须认真对待工作，他们不可以随便出入你的办公室。不要走进厨房拿咖啡，不要接听私人电话，不要检查宠物狗的情况。

这些因素将影响你管理和发展业务的效率。记住，即使在家里，也应该全身心地投入工作。

当然，也不要每天24小时、每周7天地连续工作，这将导致你在很多方面崩溃。将工作和家庭分开。理想情况下，你的办公室应该有独立的入口，坐在办公桌前应该看不到起居室的情况。将工作区域中与业务无关的家具全部清除。另一个好办法是设置室内的门，使办公室独立出来。

远程工作者的困境

对部分时间或者全部时间从事远程工作的人来说，自律也是一个大问题。以下是一些基本的指导原则：

·坚持正常的工作计划。如果在办公室的工作时间是从上午9点到下午5点，在家里也应该遵循同样的时间安排。

·知道自己每天的工作任务。

·和在办公室一样地工作，不要在工作的同时打扫卫生或清洗衣物。

·保证自己有工作必需的设备，包括网络接口、电子邮件功能、传真机、两条电话线等。

你和其他办公室人员的必要接触也是在家工作的时候所必需的。

自律意味着秩序井然

从你的计算机开始。计算机是办公室的焦点。如果使用不得当，计算机可以奇迹般地将组织带进最混乱的工作空间。任何可能的时候，尽量使用计算机来完成工作。比如在使用头脑风暴法的时候，可以将想法记录在计算机上，以免遗忘（用记事本和便笺纸记录也难免会忘记）。千万要备份所有的文件，切记，切记。考虑安装备份磁盘，这样，你就不用将私人文件备份到磁盘上了。

如果要达到真正的规整，就应该将文件分成相互关联的组群，将文件存放在不同的目录和子目录下。经验告诉我们，为了快速轻松地查找指定的文件，任何目录下的文件不可以超过7个。目录、子目录以及私人文件应该采用容易辨认的名字。如果某个文件不适合现有的目录，不要舍不得建立新的目录。

至于计算机无法存储的物品，应该使用文件夹，而不要将纸张和文件堆放在办公桌抽屉或橱柜里。采用颜色标识系统，这样，就可以轻松找到相关的物品。

为了进一步提高规整的水平，你必须下定决心，清除开始在办公室（尤其是你的办公桌）堆积的任何物品。杂物堆积到一定程度之后，就会产生这样的惯性思维：整理这么多东西肯定要花费不少时间，何必自找麻烦呢？把东西继续往上放不就行了吗？

不久，你就找不到任何东西了，你甚至需要铲子才能找到自己的办公桌。

除非你始终保持高度的规整，否则，你势必会浪费大量时间来找东西。人们花10分钟寻找放错地方的钢笔或文件之后往往会整理堆积如山的杂物。如果你每天浪费10分钟找东西，一年就会浪费40多个小时！

这还不包括你开车去购物中心的办公用品商店买最喜欢的红色书签的时间。

清理办公室的时候，不要乱扔你可能需要确认的传真回复、产品运输、服务绩效等文件，也不要乱扔人事记录、确认目前和未来投诉可能性的必要信息、初始的软件手稿等。

第 15 章

从错误中学习

这一章的内容是从错误中学习。无论你是领导者，还是在向领导职位奋进的路途中，犯错误都是不可避免的。我们应该承认，错误是生活和工作无法避免的组成部分。你应该做好犯错、接受错误、从错误中学习（这是最重要的）的准备。如果你不能从自己所犯的错误中学习，就永远不会成为成功的领导者。

没有人可以避免错误，因此，不要为错误而痛苦，不要为此浪费不必要的时间。你应该集中精力，保证同样的错误不再发生。如果在你值班的时候出现错误，应该尽快听取汇报，安排适当的调整。归属责任的重要性远远不及恢复战略的构建。领导者的责任是规划未来，而不是悔恨过去。

如果你正在培训员工或者担心他们会犯错误，应该记住这些事情：

· 错误是一种学习经历。

· 错误是可以接受的。

· 你不可能制止每个错误的发生。

从规模较小、不容易犯错的项目开始。这样，就算出现问题，也可以将消极影响降到最低。当员工逐渐适应和自信的时候，可以引入更复杂的的项目。在员工适应责任和授权之后，你将看到清晰的发展和变化。

在任何情况下，不要显出害怕犯错和没有决策能力（这些问题在新上任的领导者身上尤为常见）的样子。无论你喜不喜欢承担风险，最好让自己及时获取信息和使用必要的常识。你应该掌握必需的信息，为自己和组织制定最好的决策。这样将减少忽视和“混乱”造成的错误。

在必要的时候提出假设，用自己收集到的具体事例支持这些假设。记住，没有比制定“错误决策”的影响更严重的了。很多领导者承认，从错误和糟糕的判断中学习才使他们取得了现在的成就。正确处理这些问题可以使领导者的工作更有效率，也更有意义。

常见错误的处理

错误一：需要帮助的时候不愿意寻求帮助

你是领导者并不意味着你有超能力。有时候，沉重的工作负担和无休止的干扰会使你不堪重负，你会觉得一切都很不顺利。

不要让自己陷入绝望的深渊。你应该充分利用各种资源，帮助自己走出困境。

从授权开始（再次谈到授权），授权多一些。将不需要自己亲自处理的任务授权给别人，然后，切断自己和这些任务的关系。相信你的员工能够正确地处理这些任务，不要再有牵挂。让他们承担相应的权力和责任。

最后，如果你不知道所有问题的答案或者需要其他员工或部门的信息，尽量寻求帮助。依靠别人绝对不是软弱的表现。工作场所是相互合作的地方，当人们彼此支持的时候，工作才会取得最好的成果。每个人必须对自己的工作负责。不要因为别人的工作看起来比较简单就横加干涉，你有自己的事情需要关注。不要为了寻找本来应该上周交给你的报告就随便翻查别人的文件柜。

错误二：不愿意保持灵活性

作为领导者，你必须对随时发生的变化做好准备。不愿意接受变化和拒绝尝试新事物的领导者将局限于公司的狭小空间中。极端情况下，这种类型的领导者甚至会拖垮整个公司。

优秀的领导者应该保持灵活性，接受和适应时代的变化。他们满怀激情地承担新责任，将其排进本来就非常紧张的工作计划中。这些领导者知道，灵活性可以带来个人的成长和职业的发展。

在这些情况下，灵活性将变成重要的影响因素：

· 义务和责任的改变。
· 技术进步。
· 员工的变动。
· 竞争和行业的变化。
· 预算缩减。
· 新战略的开发。
· 最后期限的改变。
· 计划没有得到应有的成果。

领导者必须能够指导自己和工作团队应对挑战和各种障碍，因此，灵活性至关重要。

错误三：认为领导和独裁是同一个概念

很多领导者都采取苛刻严厉的策略。必须记住的关键点是：你可以使用蜂蜜而不是醋来吸引更多的苍蝇，以员工应得的友善和尊重对待他们，你将获得同样的友善和尊重。这个道理很简单，却非常有用。

你应该坦诚地告诉员工，他们的工作很有价值，你非常欢迎他们的意见和建议。像暴君那样呼啸命令只会引起愤怒和挫败感，你所依靠的团队也会蒙受耻辱。

错误四：对员工喋喋不休，而不是互相沟通

如果你仍然存在这样的问题，或许应该重新看看第2章关于沟通艺术的论述。沟通是付出和给予的过程。任何一方都应该传送信息和接收对方的信息。

错误五：采用自我中心的领导风格

首先想到自己永远是不对的。将“我”驱逐出你的思维体系。集中精力考虑做什么对团队最有利，然后考虑如何运用到公司的整体层面。自私或许让你暂时很开心，可是从长远来看，自私的消极影响是难以磨灭的。

想想这样的现实：如果花太多时间考虑自己的需求和欲望，势必会失去和员工接触的机会。很快，他们就会对你产生反感。工作会出现拖拉，有些员工甚至会寻找别的工作机会。

如果情况恶化到这种程度，就会感到人员紧缺，你不仅要完成自己的工作，还要完成别人的工作。很快，整个部门就会慢慢瓦解；其他部门也会受到影响，因为你阻碍了他们的进程。只要几个星期甚至几天的时间，你自己也会走到崩溃的边缘。

帮助自己，不要让情况发展到这个地步。向员工传达团队的需求。让员工感到满意可以创建开心的工作环境，也可以让你更开心。

此外，你应该和员工分享快乐。如果头号客户给了你本市棒球队的赛季门票，不妨发给办公室的员工，不要光想着留给家人或朋友。与其一个人在圣诞节享用大盒的戈代娃巧克力，不如放在休息室，让所有人分享甜蜜！

错误六：保守所有的秘密

任何公司想要生存，必须让员工获得成长。因此，你必须将自己掌握的知识传授给员工。不要让团队毫不知情。团队的有效性和最差劲成员的有效性是一样的。如果鼓励所有成员学习新技能，承担新责任，处理新问题，你的团队将超越别的团队，并在竞争中获取优势。

你如果被调往别的办公室或者别的部门，你至少希望有一个人可以接替你的工作。为了保证部门的生存，你应该持续培训某些员工，让他们做好担任更高职务的准备。

错误七：犯别人已经犯过的错误

历史总是在重演。这是真的吗？5年前认为是错误或糟糕的决策在今天看来或许就不一样了。这里有一个例子。1995年，互联网刚刚起步。那时，印刷商品目录的销售方式正处于巅峰时期，很多公司认为开辟网上销售毫无意义。如今，网上销售已经成为司空见惯的零售方式，而且占有销售量的很大份额。

你相信自己可以超越前任职员或上司，然而，现实并非总能如你所愿。你必须仔细观察和分析他人的成功和失败，这样，你将获取难以衡量的经验和教训。

第 16 章

没有领导权的领导者

领导才能的焦点已经从职位和头衔转移到知识层面。你应该听过“知识就是力量”的说法，公司环境是这种说法的最好诠释。在如今的文化背景中，领导者很少被定义为“老板”，领导者是指能够为别人指引方向的任何人。

换言之，并非首席执行官和经理才是领导者。你根本不需要任何的权力，无论你在公司处于什么职位，都能够成为领导者。每个人都有成为领导者的潜能，这和你在哪里上学和有多少聪明才智无关，这只和你是不是愿意接受这个角色以及接受之后的表现有关。

主动出击

以下属的身份承担领导责任就必须经常采取主动。这意味着承担别人不愿意承担的工作，也意味着承担工作描述以外的责任。假设你的本职工作是处理新客户的业务，如果老板找人开发新的市场，你不妨主动承担这项任务。

· 主动出击也包括尽量帮助别人。如果别人操作新的数据库仍然有困难，而你在上周就掌握了，不妨帮帮她/他。不要等经理来解决。如果你有能力解决问题，就应该尽量解决。别人不会对你的贡献视而不见的。

· 主动出击包括承担风险。如果你认为自己的疯狂想法对公司有好处，就应该向管理层提议。

· 主动出击包括自始至终地关注项目。不要将半成品丢给别人。你必须做完自己启动的项目。

团队领导者能够应付自如

在团队工作的环境中，常常会有一个人突显出来，成为领导者（无论他有没有真正的权力）。这个人往往是有魅力、有理想、有激情的人。大多数关于团队的研究表明，即使在同伴之间，不同的人也会自然而然地承担不同的角色。其中的一个人将成为领导者，其他人就是追随者。

在团队工作中，你可以成为承担领导责任和组织团队的人。如果你掌握领导权，别人逃避本职工作的可能性就会减少。每个人都有自己的任务，应该对此负责。你应该抓住承担额外责任的机会，促使团队成员合作完成共同的目标。这种形式的领导不需要任何的职权，你将成为团队的催化剂，能够促进团队的工作流程。

你将承担推进者的责任。使人们团结一致，帮助他们达成共同的目标。保持对团队的关注，及时获取信息。创造力量，关注团队的动力。

最重要的是投入

无论你主动寻找需要指导的人，还是被动，如果没有全身心的投入，你们的关系就很难维持。在建立关系之前，应该确定你有没有时间和能力来维系这种关系。

理想情况下，你应该定期指导学生。如果可以每天以一定的方式和学生保持接触就最好了。学生应该很容易就能找到你，你也应该在任何必要的时候给予帮助和指导，而不是根据你的工作表确定指导的时间。

最好的方法是在你的工作表中安排定期的会面时间。你们可以在周一一起吃午饭，在周三和周五进行正式的会面。总而言之，找出最适合彼此的交流方法。

在简单与平凡中领导

也许你觉得自己在工作环境中的权力非常有限，而事实确实如此。当然，你没有权力制定公司政策，也没有权力聘请新的副总裁，但是，你可以控制自己和自己的工作。你甚至可以改进最普通的任务，以此建立领导威严。

· 如果你的办公室混乱不堪，召集几个人一起整理。几个西班牙人和几个文件柜所起的作用可能会让你大吃一惊。

· 如果月度报告的分发不成体系，不妨提出建议，并主动承担责任，使工作进行得更顺畅、更有效。

· 如果假期临近，可以组织一次郊游，让每个办公室成员都兴致高昂。

当你认为有改进空间的时候，不要害怕变化和提议。你的建议有没有被采用和实施并不重要，重要的是公司高层知道你积极参与，而且关注公司的事务了。

突破陈规的思维

优秀的领导者能够从各种角度看待和分析问题。他们能够看清大局，有意识地训练自己遵循这样的思维方式，收集过去完成项目和事务的相关信息，然后运用到新的情况中。

优秀的领导者还能寻找到能够激励人们改变行为的积极因素。

站出来，承担新的责任

任何你认为可以承担更多工作的时候，你都可以请求承担额外的责任。将自己的想法说出来可以给你带来很多好处。

首先，向别人显示你能够并且愿意承担更多的工作量。

其次，表明你对提升自己在公司和部门中的角色非常有兴趣。

再次，表明你对工作很有激情，你希望更努力地工作，帮助公司达到目标。

最后，也是最重要的，为你的同事树立楷模。事实胜于雄辩。你成为办公室的积极参与者或许可以激励别人也这么做，谁知道呢。随着参与度和对公司信息知晓度的提高，和你朝夕相处的同事会逐步将你看成领导者。他们甚至会依赖你，在遇到问题的时候会经常寻求你的帮助。这也意味着他们打扰经理的可能性会减少，而这恰恰是经理非常希望的结果！

成为团队的发言人

在你的思维过程中突显“我”是非常重要的。具体来说，如果你在依赖团队的环境中工作，就必须关注团队的投入。主动听取每个团队成员的必要意见，听取他们的抱怨、建议和新想法，将这些新想法传达给发动变革的人。

或许会出现这样的状况：团队在市场推广活动中硕果累累，却从来没有得到过认可和奖励，他们的努力看似付诸东流了。你可以站出来，向部门领导反映情况。当然，你必须适当运用外交手腕，同时不乏尊重。这样，你可以巩固不同层次人员之间的关系。团队成员会将你看成聆听他们心声和值得他们依赖的人；领导者会将你看成团队的代表以及能够激励团队共享欢乐和分担痛苦的人。

项目管理与时间管理

前面的章节讨论过时间管理的定义和重要意义。对没有处在领导职位的领导者而言，像管理时间那样有效地管理工作是至关重要的。这意味着按时或者提前完成任务，将工作做好，和别的团队成员保持紧密的联系。

不过，做到这些并不容易！你要将这些技能充分运用到你的职业生涯中。想想2年、5年、10年之后，你希望自己变成什么样子，然后制定战略，实现你的理想。为自己建立明确的职业规划。始终保持积极向上的态度，每次承接新项目和晋升的时候，记录自己的进步。保证自己永远能够为公司的核心成功做贡献。找出充分发挥你的技能和才干的方法，然后付诸实践！

第 17 章

自我和组织的再教育

在所有的重组变化中，保持领导者自身的与时俱进是非常重要的。商业界始终在变化，你和公司也应该随之变化。随着新思想和新机遇在业界的不断涌现，保持公司领先的唯一方法就是教育。教育可以通过传统的方法获取，比如学术会议、探讨会、上课等。稍后将详细介绍这些方法。然而，教育和学习不一定总是以传统为中心的。如果你知道朝哪里努力，或许就能看到近在咫尺的资源。无论你采取何种看法，对希望维持发展的企业和组织来说，学习总是至关重要的。领导者的责任就是保障学习的进行。

留在学校

说起教育，第一个出现在你头脑的词语是什么？当然是“学校”。在如今的社会中，不断接受教育是免遭淘汰的必要条件。接受教育也比过去容易很多。通过赠授、贷款、学费资助等途径，人们发现重返校园已经不像过去那样是严重的财务危机了。学校不是你的唯一选择，贸易展览、学术会议、研讨会等也是维持受教育程度的好方法。然而，深化教育并不局限于外界资源。你在自己的办公室里也有为数众多的受教育机会。即使你现在没有承担领导职位，维持受教育水平也能够让你在下次晋升机会来临的时候突显优势。

上课

作为领导者，你希望自己及时了解行业的最新发展情况。为此，你可以参加一些业余的课程。

很多大学都提供各种类型的专业课程。你可以从附近的大学找些课程计划表，或者上网搜索不同学校提供的不同课程。从经济角度来说，学校教育的费用比较高昂。但是，如果你仔细研究，就会惊喜地发现公司是愿意支付这些费用的。主动寻找开设的课程，看看自己学习什么能够帮助公司改善经营。然后分析成本，看看这是不是对公司有利的投资。很多公司设有学费补贴计划。如果项目或课程和你的工作有关，公司将提供部分或者全部的学费补贴。

如果公司或组织无力承担额外的持续教育投资，可以向州政府求助。有些州政府为公司员工设有职业培训和成年人教育的基金。有些是简单的帮助员工获得更高学历的基金，也有些是复杂的保障毕业生课程的基金。

作为领导者，员工将寻求你的答案，你也希望能够回答他们的问题。培训自己只是第一步。你还必须充分运用自己的知识和能力，将其传授给组织的其他成员。在你申请公司基金或补贴的时候，可以建议让一两名员工和你一起参加培训，这对公司是有益的。这样，你花在额外培训上的时间和精力就可以减少。

吸纳新技术

技术是每个人都在谈论的话题。技术改变的不仅是工作环境，还有你的受教育机会。随着网上授课的发展，教育也容易很多。如果你真的很想提高自己的受教育水平，可是通勤时间和工作安排等方面存在问题，网上课程就是你的最佳选择了。

通过网上授课获得的学位和通过传统教育获得的学位是完全一样的。就大多数提供网上授课的大学而言，这些课程和传统课程一样，都非常有挑战性。两种方式采用相同的教材，有一位教授随时准备通过电子邮件和讨论区来回答学生的提问。你可以上网搜索哪些大学提供你需要的课程。你甚至可能跨越国界获取其他的学位证书。

就像将新的学习过程引入组织一样，网上教育也需要调整。你必须准备好必要的计算机硬件和软件；你还必须确认自己有足够的兴趣和动力坚持学习，不能依赖教授的催促。最后一点，网上授课可以让你有机会利用自己的时间提高教育水平。你的目标不是要提升技能、成为更优秀的领导者吗？

其他资源

学术会议、贸易展览、研讨会等也是持续学习的方式。业内的专业协会肯定能够提供关于近期学术会议的信息，甚至可能自己主办和举行此类会议。和传统的学校教育相比，学术会议和研讨会有较多的自由空间。你可能在较短的时间内完成密度较大的课程学习。你可以将这种学习方式推荐给部门的所有员工。你可以按照不同的课程，将员工分成不同的小组，然后交替学习；也可以让全体员工一起学习。记住，当员工感到持续的挑战性时，就会产生自我价值感和无穷的动力。

搜寻各类学术会议的时候，尽量找那些主要发言人是业内专家的会议，更好的选择是针对特定领域的专家人士的学术会议。专家不需要向你推销什么，因为，提供虚假信息对他们没有什么好处。你可以从中获得和其他专家接触、从同行那里学习经验的机会。

你或许会找到针对你们部门或公司目前面临的难题的解决建议，甚至可能找到互相帮助的机会。无论你怎样看，这都是走出去学习新事物的机会，也是增强自身和组织竞争力的机会。

还有一点：不要仅仅关注和你们公司或行业有关的学术会议。还应该关注领导力和管理能力方面的学术会议。虽然本书可以帮助你迈出第一步，但和其他领导者接触也是大有裨益的。你或许会发现从其他参与者身上学到的东西比从主要发言人身上学到的还要多。领导力的培养需要实践，知识的积累需要额外的努力。总而言之，结果总能验证过程。

说明你的计划

选择继续教育是你必须面对的特殊决策，决定之后，你必须保证自己坚持下去。学习是一个主动和互动的过程。作为领导者，你应该将教育看成改善经营的重要工具。仔细观察你的组织，看看哪些方面需要改进。这样，你才能够设定计划，将教育作为战略性的活动。

教育和愿景

设定继续教育的计划和创造愿景非常相似。你必须说服组织接受这份计划。教育只是实现愿景的手段，你必须清楚这一点。描绘出愿景之后，一定要想清楚额外的教育将如何帮助你更迅速、更有效地达到目标。说明你需要哪些新技能，以及你将如何帮助员工获得这些技能，你或许会惊奇地发现，员工对整个愿景的兴奋之情并不亚于你。

持续的培训和教育可以提高员工的工作动力，培养他们对组织的忠诚度。

维持秩序

在你钻研领导责任和计划各种改进的时候，必须记住你是领导者，不是对他人实施控制的怪物。作为领导者，认识到控制和学习不甚相容是实施改革的第一步。你应该提供学习的机会，然后必须放弃部分的控制权，让员工自己学习。你还应该关注“旧学派”员工。这些人拘泥守旧，认为你总会在他们身边告诉他们该怎么做，他们对互动式的教育非常反感。让他们接受应该主动学习的事实需要一定的时间。

内部教育

当你搜寻改善组织学习过程的方法时，不要忽略近在咫尺的资源。提高教育水平并不意味着必须上课或取得正式的教育认证。你将发现，教育还意味着听身边的人说话。积极地观察和聆听工作场所的信息，你将学到更多超乎想象的关于组织的知识。

介绍自己和组织

组织内部的学习不仅仅是获取新技能，还涉及充分运用已有的技能，为员工提供共享和相互学习新知识的机会，改善内部学习有很多创造性的方法，然而，从基本的方法开始将对你有所帮助。比如，组织的离职率高吗?

你有没有发现员工对其他部门的业务所知甚少？他们了解或者至少知道公司的其他员工和本部门员工吗？员工知道自己对公司的贡献吗?

作为领导者，你有责任保证你的员工相互认识和熟悉，保证他们了解组织的业务和历史。你应该在任何学习过程开始的时候传达这些信息，应该鼓励部门内部和部门之间的会议或午餐聚会。你甚至可以布置特殊的任务，让他们有机会接触组织的其他领域。每月轮换这些任务，让每个人都有接触其他人的机会。给员工介绍周围的情况。简单的介绍对创造舒适的办公环境和畅通的沟通渠道具有长期的效果。当人们感到轻松的时候，和别人共享知识和经验的可能性就比较大。你是领导者，就应该树立榜样，鼓励员工相互了解。

关联学习

沟通渠道的畅通能够促进信息在办公室的流通，然而，你必须保证实质性学习的存在。花些时间向员工介绍组织的情况。你知道的，仅仅了解自己的工作还不能够对整个组织产生影响。你还应该意识到自己的工作对大局有什么贡献，你自身的哪些改进能够促进整个组织的进步。当然，你的员工也必须认识到这些。

让员工了解组织并不困难，关键是你愿意花时间去做。运用你已有的人际关系，为部门解决难题。联系公关部门，请他们提供当期的时事通讯，然后分发给员工。

看看你有没有可以发给员工的介绍公司历史的宣传材料。此外，你可以使用管理层会议的记录，也可以创建备忘录，让员工及时了解公司的最新动态。总而言之，员工对组织越了解，定义自己在组织中的角色就越容易，发现问题和解决问题的可能性也就越大。

创建信息团队

众所周知，领导者的时间并不宽裕。因此，授权就是你最好的选择。成立专门的团队，让他们负责收集组织内外的各类信息。这样，不仅员工可以获取更多关于组织和竞争对手的信息，你也可以开创另一条信息渠道。我们必须承认，处在权力职位的领导者获取的都是经过精心筛选的信息。任何组织都有信息人员，他们挑选出自己认为重要的信息，然后往上传达。当信息传到你的时候，有些关键的内容可能已经丢失了。智囊团的责任就是及时获取各类信息，熟悉你的员工、竞争对手以及组织的各方面情况。

创建特殊的团队帮助你收集信息不仅对你有好处，对整个工作团队也大有裨益。他们将获得学习新事物的机会。与此同时，员工将感到你对他们的信任。记住，你需要任何的信息，你必须让团队成员知道这一点，他们不需要为传达你不喜欢听的信息而承担责任。通常来说，领导者总是最后知道出现问题的人。在商业界，无知不是福佑。你必须时刻了解组织中的一切事务。

寻找更多的商业建议

作为领导者，你必须知道哪些资源能够提升员工和你自己的知识水平。你可以从很多地方获悉潮流、市场推广策略、成功和失败的商业案例等。最常见的地方就是杂志和报纸。这些刊物出版频率高，能够提供及时而可靠的信息。书籍和计算机软件可以提供关于特殊领域或新技术的信息。自助式书籍的作用是扩充你的知识库。此外，和你经营领域有关的协会和组织也能提供最新的消息，还能提供其他资源的链接。

最后，不要忘了互联网。技术是不断前进的关键，互联网是

领导力

接触外部世界的窗户，以前需要搜索几小时的信息已经变得唾手可得。作为领导者，你应该作为员工的信息源，坚持每天扩充自己的知识储备。